JN041125

ぐんぐん **英語力がアップする**

音読 中級レベル

パッケージ NEW

森沢 洋介 ★著 **トレーニング**

NEW

はじめに

　英語を習得するために、文法と基礎語彙を学び文構造の分析力をつけるといった知識面の学習は重要ですが、言語として英語を使えるようにするためには、これだけでは十分ではありません。加えて知識の範囲内の英文を使って音声トレーニングを行うことが必要です。古くから行われている音読は、この音声トレーニングの代表格です。その他に、リスニング、リピーティング、シャドーイングといった効果的な方法があります。音読パッケージは、ひとつのテキストを用いて、音読を軸として、リスニング、リピーティング、シャドーイングをパッケージ化して行うトレーニングです。

　文字媒体での学習中心だった方が音声トレーニングを始める際は、背伸びをせず、あえて非常に基礎的なレベルの素材を用いることが、順調な力の向上のためには確実な方法です。少なからぬ指導者がそうするように、私も学習者を指導する際、音声トレーニングの端緒として、中学レベルの英文に取り組むことを勧めています。

　前作の『みるみる英語力がアップする音読パッケージトレーニング（CD BOOK）』は音読パッケージに初めて取り組む学習者用テキストして、ほぼ中学英語の範囲内の英文を用いました。

　『みるみる英語力がアップする音読パッケージトレーニング（CD BOOK）』の後を受ける本書では、高校レベルの文法・構文

が使われた英文を収録していますので、中学英語レベルでの音読パッケージを経験した学習者が次に進む格好の素材となっています。

　読んでわかる英文を音声でも処理できる能力を私は「英語体質」と呼んでいるのですが、前作『みるみる英語力がアップする音読パッケージトレーニング（CD BOOK）』でスタートした学習者が、本書によってさらに「英語体質」を高めることを願い、且つ確信しています。

森沢洋介

も く じ

音読パッケージとは

英語学習の2分野

外国語を読み、聴き、話せるようになるためには、2つの分野の学習・訓練を行う必要があります。まず、文法の基本を学び、読解をして、基礎語彙を覚えるといった**学習系、あるいは頭脳系**の訓練があります。ほとんどの日本人は英語に関して、学校や受験勉強でこれを行っています。母語に関しては、私たちはこのような意識的な学習無しに自然と身につけてしまいます。しかし、幼児が母語を習得するのと全く同じように外国語を身につけることは、あまり現実的ではないでしょう。年齢や環境の条件が違いすぎるからです。一定の年齢になってから、その言語が日常的に使われていない環境のなかで外国語を習得するには、やはり学習から入るのが確実な方法でしょう。ですから、学校の授業や受験勉強で文法や読解を学ぶことは、意義のあることですし、必要なことです。逆に学生時代に勉強をさぼってしまったけれど、社会に出てから英語が必要になった、あるいは身につけようと決意した人は、学生時代にやらなかった学習を、遅ればせながらする必要があります。

問題は学生時代に英語を勉強して、受験などでは成果を上げてきた人でも、それだけでは英語を実用レベルで使えないことです。外国語を使いこなせるようになるためには、学習系だけではなく、もうひとつの分野、**稼働系、あるいは運動系**の訓練を行う必要が

あります。稼働系（運動系）のトレーニングとは、音読を筆頭に
リスニング、リピーティング、シャドーイングといった耳と口を
使う作業で、学習で得た知識を技術＝スキルに変え稼働させるこ
とです。学習でまず知識の枠組みを作り上げることは必要ですが、
それだけでは、いわば土地を買ったものの、その後有効な活用を
せず更地のままにしているようなものです。稼働系トレーニング
で、枠組みの内側の空洞を、スキルで埋めていかなければいけま
せん。本書で紹介する音読パッケージは、すでに持っている英語
の知識をスキルに変えるための強力な稼働系トレーニングです。

音読トレーニングのパッケージ化

音読は外国語を習得するための伝統的な学習法です。私は、**外国語の力をつけるためには、文構造・意味を理解できる文・フレーズを自分の音声器官を使い（聴き、口にして）肉体化する**ことに尽きると考えています。音読はこのうちの「口にする」という作業です。英文を音読することによって得られる効果の代表的なものは、英語を言語として直接受け入れることができることです。返し読みをしたり、日本語に直したりせずに、英語の語順のまま直接理解できるようになるのです。いわば「**英語体質**」といったものが作られるのです。音声を使わず、英文を和訳したり、読解問題を解いたりといった学習だけでは、この体質変化は起こりません。英語を使う環境にいない人が、音読的な訓練を全くやらずに、英語を感覚的に受け入れる英語体質を作ることはできないでしょう。学習・訓練によって英語を習得した人たちが、異口同音に音読の重要性を語るのは当然なことです。

音読パッケージで、英語を直接理解して、
聴き取れる「**英語体質**」に変身！

英語体質

英語を身につけるうえで極めて効果的で必須の音読ですが、本書で紹介する「音読パッケージ」は、音読を軸にして、その効果を倍増するトレーニングです。テキストを読み上げる音読では、「理解できる英文を口にする」ことはできていますが、「聴く」という側面が欠けています。従って、英語を聴き取る力をつけるために、それとは別にリスニング、リピーティング、シャドーイングなどを行うことになります。しかし、これらのトレーニングを異なるテキストを使ってそれぞれ独立して行うのは、時間の点で大変負担になるし、作業も煩雑なものになります。

音読パッケージでは、これを全てパッケージにして、ひとつのテキストで音読、リスニング、リピーティング、シャドーイングを行ってしまいます。英語力が上級になると、確かに学習素材やトレーニングの多様性が必要になっていきますが、学習の初期から中期（TOEIC300点台から600点台が目安です）にかけては、あれもこれもと手を広げず、ひとつの素材を音読パッケージすることによって、着実に英語力をつけていくことができます。

音読　リスニング　リピーティング

シャドーイング

音読・リスニング・
リピーティング・
シャドーイングを
パッケージ化すれば、
テキストひとつで
いいよ！

音読パッケージに使用する素材

素材のレベル

音読パッケージは、すでに持っている知識に刺激を加え、感覚的に使えるスキルに変えることを目的とする稼働系(運動系)トレーニングです。トレーニングに使う教材は、**テキストの英文を見てしまえば、構文や語彙において知らないものが無い、楽々と理解できる**ものを使用します。読んでわからないものは音読パッケージの素材として適当ではありません。極端な例として、高校入試の英語長文がやっと読める程度の初級者が、読解できない英字新聞の社説などを音読しても、ほとんど効果はありません。自分の読解のレベルを10とすると、音読パッケージに使用する素材は、5～7程度の、余裕のあるものが適しています。

自分の読解のレベル10に対して
5～7程度の難度の素材で、
余裕を持って行うと
どんどん進むよ！

テキストのレベルが
高すぎて負荷が
重すぎるよ～

基礎力の枠が大きく、読解力が高い人は、トレーニングが進むにつれ教材のレベルをどんどん上げ、音読パッケージ素材を様々なものから選んでいけます。逆に、基礎力の枠が小さく読解できるものが限られている人は、素材のレベルを上げる前に、学習系の訓練で読解力を引き上げなければなりません。

素材の長さ

音読パッケージトレーニングでは、ひとつのテキストを何度も繰り返します（サイクル回し）ので、あまり長大な素材を使うとなかなかひと回りせず、トレーニングが重く辛いものになってしまうので、適切な長さのものを使うことをお勧めします。

長すぎるものは避けたいですが、あまりにも短いものだと、栄養分に乏しいうえに暗記が起こってしまいやすく、自然な刷り込みを起こすのに不適切です。

しっかりと力のつくトレーニングを行うためには、20分から40分の長さの素材が適切でしょう。

＊本書のナチュラル音声（ポーズの入っていない音声）は約53分ですので、2つに分割して、2つの素材として使用するのもお勧めできる方法です。

音読パッケージトレーニングの行い方

先行リスニング

音読パッケージトレーニングの最初のステップとして、ポーズの無いナチュラル音声を使ってリスニングを行います。テキストは一切開かず、英語の音声だけを聴いてください。日本人の英語学習は、英語が学科や受験の科目とされているため、文字依存が非常に強いものです。日本語が漢字のような表意文字を使うこともあり、我々は視覚的に意味を理解する傾向も強いですが、英語をはじめとする欧米語ははるかに音に基づく言語です。解答用紙に答えを書いて終わる「学科英語」ではなく、「実用英語」を習得することも目的とする場合、まずは**文字依存からの脱却**をする必要があります。

文字依存から脱さなきゃ
言語の本体は音声だよ

本書のナチュラル音声は、全90のパッセージ（英文）が収録されていますが、その全てを（分割する場合は分割分全て）を通して聴いてください。音読パッケージに使うテキストは文字を見て読んでしまえば、余裕を持って理解できるものを使用します。ですから、繰り返し聴くにつれて、霧が晴れるように徐々に内容の理解が深まっていくでしょう。しかし読めば簡単にわかる英文でも、さまざまな原因で、音声だけでは完全に理解しきれない部分が残るでしょう。まずは、音の連結です。この現象に慣れていないと簡単なフレーズでもわからないことがあります。pick it upや look at といった複数の単語からなるフレーズが、1語のようにつながり、それぞれ「ピキィッアッ」「ルカッ」などのように聞こえるのが1例です。また、日本人の英語学習は文字媒体中心なので、読んでわかる語彙と聴いて理解できる語彙に大きな差があるのが一般的です。これも聴き取りによる理解を阻む大きな要因です。理解の深まり方には個人差があるでしょうが、本書全体のリスニングを、音声だけではもうこれ以上わからないという段階に至るまで数日間続けるのが効果的です。

先行リスニング

テキストは開かない

文字に頼らず
音声だけで
理解するぞ

音声を聴き、音声だけで
内容を理解する

繰り返し聴くうちに
内容がだんだんわかってくる

ん！だんだん
わかってきたぞ

音声だけでは、もうこれ以上
わからないという
段階まで数日続ける

もうこれ以上は
テキストで
確かめないと
わからないな

聴き解き

先行リスニングが終わったら、音読パッケージトレーニングに入っていきます。音読パッケージでは、テキストを何回も繰り返す「サイクル回し」を行いますが、最初のサイクルで、テキストを使って音声と文字を突き合わせ、確認していく「**聴き解き**」という作業を行います。

聴き解きでは、いきなり英文全体を見てしまわず、センテンス、フレーズごとに確認していきます。紙片などの目隠しを使うとやりやすいでしょう。音声を１センテンス、あるいは１フレーズ聴き、聴き取った英語をリピーティングして（そのまま繰り返して）、それから目隠しをずらして、その部分だけを見て照合していきます。数度聴いて聴き取れないものは、あまり粘らずテキストを見て確認してください。

母語である日本語なら、我々は聴いたもののリピーティングがたやすくできるものです。これは音韻体系、文法、語彙が刷り込まれ、ストックされているからです。これが外国語である英語となると、読んでしまえばたやすくわかる内容でも、聴き取れなかったり、リピーティングしても、さまざまな間違いを犯してしまうものです。

トランスクリプト（英文を文字化したもの）を使わない、聴くだけのリスニングでは、推測による理解にとどまってしまう部分が多いので、リスニングを済ませた後、必ずこの聴き解きを行ってください。

聴き解きを行うと、今まで文字だけで触れていたり、何となく聴いていた単語・フレーズが音声として発された際のリアルな表情をしっかりと確認することができます。文字にされてしまえば、ひとつの単語は常に同じ姿です。しかし、実際には同じ単語・フレーズでも、音声化されたときは、音の連結、現れる位置、その他の要因でかなりの幅を持っています。

音声的なトレーニングをほとんどしてこなかった人に聴き解きをしてもらうと、テキストで確認した後も「とてもそう言っているようには聞こえない」と戸惑いを見せることが多いものです。文字というのはいわば言語の死骸、あるいは標本のようなものです。音声こそ、その言語の生きた姿で、それだけに生きがよく、しばしばとらえがたいものです。しっかりと聴き、文字と照合することで、徐々にこのとらえがたさは薄れていきます。

聴き取った後、英文を見て確認し、音声と文字が一致しているのを納得することを、私が主宰する教室では「**耳を合わせる**」と言っています。トランスクリプトを確認した後でもそう言っているようには聞こえない——つまり耳が合わないときには、その場でモデル音声を真似てみてください。音声を一時停止して、聴いた音声を繰り返すリピーティングや音声にかぶせて同じことを言うオーバーラッピングを数度繰り返すと、耳が合いやすくなります。しかし、すべての単語・フレーズに対してその場で耳が合うとは限りません。そんなときにはあまりむきにならず、そう言っているものと割り切って次に進んでください。

英語の音声を聴き取る力は、文法などのように新しいことを覚え、その場で力がアップするというものではありません。技量が質的に変わらなければならないので、向上するには一定の期間が必要です。例えば、ウエイトトレーニングで、今日50キロのウエイトしか持ち上げられない人が、どんなに頑張ってもその日のうちに、100キロが上がるようにはならないのと同じです。今耳が合う部分をしっかり聴き、理解することによって、質的な変化が起こり、今耳が合わない箇所も、しばらくすると受け入れられるようになってきます。

このように、テキスト全体の通し聴きをしていた英文を、1パッセージごとに聴き解き、いよいよ声を出す、音読パッケージの本体部分＝メインパートに移っていきます。

＊聴き取った英語を書き取っていくと、ディクテーションになります。ディクテーションはリスニングを鍛える伝統的なトレーニング法です。英文を書き取ることはその分時間も余計にかかりますが、単語の綴りや、綴りと発音の相関関係を学ぶことができ、得るところも多いので、こうしたことがまだ身についていない初心者は聴き解きをディクテーションで代用してもいいでしょう。

音声を聴き、聴き取ったセンテンス、フレーズを
正確にリピーティング
してみる

テキストを見て、照合する

Yukiko
moved to the US because
father started working for
American company. She can

紙などで隠して、
少しずつずらしていくと
やりやすいよ！

あ、こう言って
いたのか！

あ、完全に
聴き取れたと思ったら
前置詞、冠詞を聴き
落としていたよ！

音声と文字を一致させる
作業（耳合わせ）を行う

耳が合いにくいときは、
リピーティングや
オーバーラッピングを
してみると合いやすくなる

う〜ん
このフレーズは
耳合わせが
難しいな

音読パッケージのメインパート

メインパートでは、声を出して、パッセージごとに音読、リピーティング、シャドーイングを行います。ここで、その手順、反復回数、注意点などを説明します。

リピーティングとシャドーイング

音読パッケージは、テキストを見ながら読み上げる音読を、リピーティングとシャドーイングでサンドイッチにして、効果と効率を上げる方法です。リピーティングもシャドーイングもリスニングのトレーニングとして紹介されることが多いのですが、意味のわかった英文を口から出すという作業を、音読と共有しており、音読とパッケージにしてトレーニングすることで、音読の効果をより大きなものにしてくれます。この両トレーニングについて解説しておきます。

リピーティングの行い方

ポーズ（休止）のある音源を使い、モデル音声を1センテンス、あるいは1フレーズ聴き、ポーズの間にそっくり繰り返すのがリピーティングです。単に音声を繰り返すだけでなく、文構造・意味をしっかり理解しながら行います。聴いて理解した音声を一旦保持する必要があるため、リピーティングは、リテンション（保持）トレーニングとも呼ばれます。

母語ではどんなものでも、その場でリピーティングが可能です。料理の手順だろうと、新聞の社説であろうと、誰かがそれを読み

上げて、無理のない長さで休止してくれれば、それをそのまま繰り返すことは、日本語ならばたやすいことです。これは、我々には母語である日本語の音韻体系、文法、（大人であれば）十分な語彙がストックされているからです。

しかし、ひとたび外国語となると、いきなり聞かされる音声をリピーティングするのは、たとえ読んでしまえば簡単に理解できる内容であろうと、非常に難しいものです。逆に言えば、どんな種類のものでも、それを聴き取って理解し、完璧にリピーティングできるなら、その外国語をマスターしていると言えるでしょう。

リピーティングトレーニングでは、学習者は音声をよく聴き、トランスクリプト（英文を文字化したもの）で確認し、そのトランスクリプトの助けを借りながら、リピーティングして、最終的にテキストを見ずにリピーティングしていきます。これにより、英語の音声としてのストック、保持能力などが鍛えられ、リスニング力を筆頭に英語力の多方面を向上させることができます。音読パッケージでは、テキストを見ないリピーティングの完成をトレーニングの仕上がりとします。

| 音声 | Yukiko is from Japan. | ポーズ | She moved to the US | ポーズ | because her father started working for an American company. | ポーズ | She came to our school this September, |
| 学習者 | リスニング | Yukiko is from Japan. | リスニング | She moved to the US | リスニング | because her father started working for an American company. | リスニング |

シャドーイングの行い方

シャドーイングは、聴いた音声を間髪入れずそのまま繰り返していくトレーニングです。その名の由来は、影(shadow)のようについていくことからです。トレーニングを行う際には、リピーティングと違い、ポーズの無い普通の読み上げ音声を用います。聴いた音声をリスニングして理解しつつ、同時に、一瞬前にリスニングしたフレーズを繰り返す並列的なトレーニングで、難しそうに思えるかもしれませんが、実際に行ってみればじきに慣れます。

シャドーイングは、通訳者の基本的トレーニングとなっており、やり方も様々で、1センテンス遅れて、2センテンス以上遅れてと、トレーニングの難度・負荷を増す方法もあります。しかし、本テキストで行うのは、一瞬待って、1語遅れ程度でついていく基本的方法で結構です。

| 音声 | Yukiko is from Japan. / She moved to the US / because her father started working ~ |
| 学習者 | Yukiko is from Japan. / She moved to the US / because her father started working ~ |

音声より1〜2語遅れてついていく

メインパートの手順

①テキストを見ないリピーティング

1パッセージ*を、テキストを見ないでリピーティングしてみます。音読パッケージでは、1パッセージごとにテキストを見ないリピーティングを完成していきますので、まずは、その状態とどれくらい隔たりがあるか確認してみましょう。

読んでしまえば簡単で、なおかつ聴き解きを済ませた英文でも、いきなりテキストを見ないでリピーティングを行うとなかなか難しいものです。肉体系トレーニングの経験があまり無く英語体質ができていない学習者は、たくさんの間違いを犯したり、あるいはリピーティングがほとんどできないかもしれません。逆に、力のある人はほとんどリピーティングができるかもしれません。どちらにしても、このテキスト無しのリピーティングで、仕上がり状態との開きを確認し、気をつける箇所などを浮上させます。

*本書では左ページの英文をパッセージ（passage）と呼びます。

②テキストを見ながらリピーティング

テキストを見ながらリピーティングを行います。①で浮上した問題点に気をつけながら、しっかりとモデルの音声を聴き、発音やイントネーションを真似てください。ここで気をつけるのは、テキストを開いたとたんに「文字依存」を起こし、モデル音声を聴くことをおろそかにしないことです。文字はあくまでも補助として使う感じで、主役は音声であることを忘れないで

ください。3〜5回ぐらいリピーティングします。

力のある人は、この段階でテキストから目を離し、危なっかしいところをちらちらと見るだけにしてもいいでしょう。

③音読

音声を止め、テキストだけで音読します。②の作業で聴覚的な残像のように耳に残っているモデル音声を再現するように行います。英語を音声化することによって、単語・フレーズや構文のストック化が起こります。音読はリピーティングと比べ同じ時間、より多くの英語を口にすることができ、ストックを作るのに効率的です。同時に機械的になりやすいので注意してください。意識が飛んで、口だけが動いているということにならないように、文構造・意味をしっかりと把握しながら音読してください。暗記をしようとする必要はありません。英文を自分のなかに落とし込む感じで、納得感が得られるまで音読します。機械的に回数をこなす必要はありませんが、納得感が得られるまで行えば、10〜15回ぐらいの回数になるでしょう。

力のある人は、英文をさっと見た後、目を離して再生するようにしてもいいでしょう。それが安定してできるようなら、回数もずっと下げて結構です。

④テキストを見ないリピーティング

メインパートの仕上げステップです。テキストを見ないでリピーティングを行います。間違えず安定してできれば、快適に

3回ほど繰り返します。このように理解できる英語音声を、文構造・意味を完全に理解しながら、快適に負荷なくリピーティングすることは英語のストックを蓄積し英語の総体的な力を増すのに非常に効果的です。

基礎レベルの学習者では、①〜③のステップの後でも、テキストを見ないリピーティングが困難なことも少なくありません。この際は、決して無理に行わず、②のテキストを見ながらのリピーティングを再び行ってください。サイクル回しで同じパッセージを何度も繰り返すのですから、その過程でテキスト無しのリピーティングができるようになればよいのです。

このステップでの注意点は、音声をしっかり聴き、文構造・意味を理解し、ポーズの間のリピーティングの際にも、意味を込めながら繰り返すことです。リピーティングはできていても、音声を注意して聴かず、リピーティングも上の空で覚えてしまったフレーズを口から出すだけでは、効果は薄いものになってしまいます。

※トレーニングが進み、英語体質ができてくると、読んでわかるものなら、聴き解いた後はいきなりテキスト無しのリピーティングができるようになってしまいます。そのレベルになるとトレーニングの形態は反復回数が極端に少ない淡白なものになります。

⑤シャドーイング

　最後にシャドーイングを行います。音読パッケージで行うシャドーイングは、音声の後にすぐについていく最も基本的なものですから、④のテキストを見ないリピーティングより簡単で、クールダウン的な要素もあります。3～5回ぐらいが目安です。

　基本レベルの学習者でシャドーイングにも慣れていないと、テキストを見ないシャドーイングが難しいこともあります。その場合はテキストを見て行ってください。リピーティングと同じように、サイクルを回すうちに、テキストから目を離せるようになれば結構です。

　音読パッケージのメインパートでは、このようにひとつのパッセージごとに、リピーティング、音読、シャドーイングで反復しますが、その回数は最初の1サイクル目では合計で20～30回ほどになります。ただし、回数を機械的に決める必要はありません。メインパートのゴールである、テキストを見ないリピーティングが仕上がるのに必要な回数が適正回数です。1サイクル目ではテキストを見ないリピーティングが仕上がらない方は、上限の30回の反復をするとよいでしょう。逆に、力のある人は1サイクル目から、15回前後の軽い回数で行って構いません。

　これでひとつのパッセージのトレーニングが終了です。そのまま、次のパッセージに進んでください。どんどん先に進み、最後のパッセージまで行ってください。

サイクル回し

最後のパッセージまで（分割する場合は分割分の最後まで）、パッセージごとにトレーニングしたら、最初に戻り、2回り目のトレーニングを行います。聴き解きは1サイクル目に済ませているので、メインパートだけを行います。すでに1サイクル回しているので、1セクションあたりの回数は初回より少なくなるでしょう。1サイクル目と同じように最初から最後までパッセージごとに行ってください。2サイクル目が終わったら、3サイクル目に移り、さらにサイクル回しを重ねていきます。サイクルを増すごとに、パッセージごとの反復回数は減り、1サイクル回すのに要する期間も短縮されていきます。

本書での音読パッケージの仕上がり

サイクル回しを重ねていくと、やがて、いきなりテキストを見ないリピーティングとシャドーイングができるようになります。弱点の箇所や仕上がりにくいセンテンスやフレーズは、重点的に練習してください。最終的に、ポーズ入りの音声を流しっぱなしにして、全てのパッセージに対してテキストを見ないリピーティング及びシャドーイングができるようになれば、本書での音読パッケージは終了です。

トレーニング全体の流れ

先行リスニング パッセージ全てを通して行います

❶ サイクル目

聴き解き 1サイクル目のみ行います

①テキストを見ないリピーティング

②テキストを見ながらリピーティング

③音読

④テキストを見ないリピーティング

⑤シャドーイング

メインパート

メインパートに入ったらパッセージごとに行うんだよ

サイクル回し

サイクルを重ねるにつれて、
反復回数が減っていく

どの箇所でもテキストを見ないリピーティング
ができるようになったら完成

学習者のレベルにより、トレーニング終了までの
サイクル数、反復回数は異なります

	1 サイクル目	2 サイクル目	3 サイクル目	4 サイクル目	5 サイクル目	6 サイクル目	7 サイクル目
TOEIC 400点前後 の学習者	30 +	20 +	15 +	10 +	10 +	10 +	10 完成
TOEIC 500〜650 点の学習者	20 +	15 +	10 +	8 +	7 +	③ +	③ 完成
TOEIC 650〜700 点の学習者	15 +	12 +	8 +	③ +	③ 完成		

テキストを見ないリピーティングのみ

※これはあくまでも１例であり、サイクル数、反復回数はこの例に厳密に
　従う必要はありません。

並行リスニング

音読パッケージを始める前に、ポーズの無いナチュラル音声で先行リスニングを行いましたが、このナチュラル音声でのリスニングは、音読パッケージを行いながら並行して続けてください。例えば、声を出す音読パッケージトレーニングを自宅で行うならば、通勤の列車のなかや、ウォーキングしながら、並行リスニングを行うスタイルを取るとよいでしょう。音読パッケージを行った箇所は非常によく理解できるので、１サイクル終えた後は、精度の高いリスニングが可能となります。

よくテキストを持たずに音源をただリスニングするだけのトレーニングを行っている学習者がいますが、初級から中級の学習者には、テキストを読み解いた英文をしっかりした理解を伴って繰り返すリスニングのほうが、はるかに効果があります。

音読パッケージを行いながら、並行リスニングを続けていくと、同じ英文を聴くので、どんどん楽に理解することができるようになります。すると、テキストを見ないリピーティングを完成の基準とする音読パッケージより、並行リスニングのほうが先に完成してしまいます。こうなると新味の薄れた内容に脳が退屈して、受けつけなくなるので、そうなったら、次の音読パッケージのナチュラル音声の先行リスニングを始めてください。このように、素材 A の先行リスニング→素材 A の音読パッケージ＋素材 A の並行リスニング→素材 A の音読パッケージ＋素材 B の先行リスニングというように進めていくと、極めて効率的なトレーニングの流れを作っていくことができます。また、初級から中級までは、特にリスニング素材を音読パッケージの素材とは別に求める必要が無くなります。

素材のおかわり

ひとつの教材で英語力が完成することはありません。音読パッケージもひとつの素材が終わったら、次の素材に移り、それが終わればまた次の素材というように、おかわりをしていきます。

ひとつの素材を終え、次に移る際は、徐々に英文の難度、音声のスピードなどのレベルを上げていきます。しかし、音読パッケージトレーニングをしっかりと行い、英語体質ができあがっていくにつれ、たとえ素材のレベルが上がっても、むしろトレーニング負荷はどんどん軽くなっていきます。

一定レベルに達するまでは、ひとつの素材を何度も繰り返すサイクル回しをするので、リピーティング用のポーズ入り音源が欲しいものです。使用機材の一時停止機能でも代替できますが、サイクル回しを行う素材なら、ポーズ入り音源を使うほうがはるかに快適で、トレーニング効率も上がります。

自分でいちいち一時停止ボタンを操作しながらトレーニングを行うと、聴いてリピーティングするというトレーニングの流れのスムーズさが、ボタンの押し戻しという細かな動作に分断されるからです。ポーズ入り音源を使ってリピーティングを行うと、完全にトレーニングに集中できます。サイクル回しをして、ひとつの素材と比較的長くつき合うステージでは、是非ポーズ入り音源を使うことをお勧めします。

本書にはポーズ入りの音声がついていますので、リピーティングの際にはこれを使ってください。ご自分で選んだ素材を使用する場合は、ポーズ入り音源を自作してください。インターネット上で様々な無料・有料のポーズ挿入ソフトが提供されているようなので、意欲ある学習者は是非試してみるといいでしょう。

参考までに、昭和33年生まれの著者が現在も実践するダブルカセットデッキを使用した、ポーズ入り音源の作り方をイラストで説明しておきます。

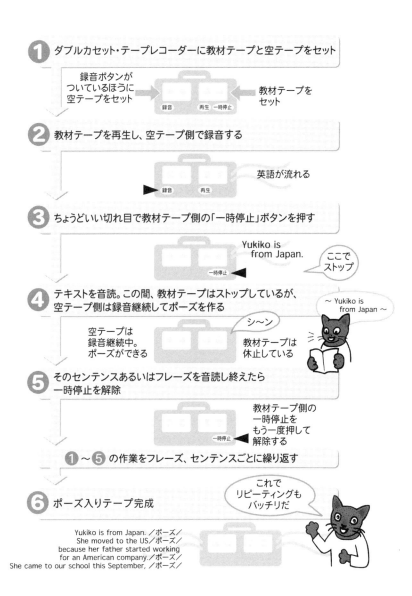

❶ ダブルカセット・テープレコーダーに教材テープと空テープをセット

録音ボタンが
ついているほうに
空テープをセット

録音　再生　一時停止

教材テープを
セット

❷ 教材テープを再生し、空テープ側で録音する

英語が流れる

録音　再生

❸ ちょうどいい切れ目で教材テープ側の「一時停止」ボタンを押す

Yukiko is
from Japan.

ここで
ストップ

一時停止

❹ テキストを音読。この間、教材テープはストップしているが、
空テープ側は録音継続してポーズを作る

～ Yukiko is
from Japan ～

空テープは
録音継続中。
ポーズができる

シ〜ン

教材テープは
休止している

❺ そのセンテンスあるいはフレーズを音読し終えたら
一時停止を解除

教材テープ側の
一時停止を
もう一度押して
解除する

一時停止

❶〜**❺** の作業をフレーズ、センテンスごとに繰り返す

❻ ポーズ入りテープ完成

これで
リピーティングも
バッチリだ

Yukiko is from Japan. ／ポーズ／
She moved to the US／ポーズ／
because her father started working
for an American company.／ポーズ／
She came to our school this September, ／ポーズ／

レベル向上と
音読パッケージトレーニングの変化

トレーニングはレベルによって異なるものです。初級レベルのとき大きな効果を上げたからといって、上級レベルになっても同じトレーニングをしていたらそれ以上の向上は期待できないでしょう。レベルに応じてトレーニングの性質・形態を変えるべきです。音読パッケージも、英語力が向上するにつれて変化していきます。

初級から中級のレベルの方には、あれもこれもと手をつけず、限られた数の教材を丁寧にサイクル回しで完成していくことをお勧めします。

しかし、上級になると、ひとつの素材に対するトレーニングは淡白になっていき、素材の量・多様性が重要になってきます。音読パッケージはテキストを見ないリピーティングが楽にできるようになることが仕上がりの基準ですが、力がついていくと、聴き解いて、テキストで確認した後は、テキストを見ないリピーティングができるようになるまでに必要なプロセス（テキストを見ながらのリピーティング、音読）がどんどん短くなっていきます。このように、1サイクルごとの反復回数も減りますし、トレーニング全体の完成に要するサイクル数も減っていきます。トレーニング初期に6～7サイクル回転させていたのが、徐々に4～5サイクルで完成、2～3サイクルで完成というように変わっていくのです。

英語力が向上するにつれて、ひとつの素材を音読パッケージで完成する労力・時間が軽減する一方で、リスニングの量・多様性を増す必要性が高まります。上級者がさらにそのリスニング力を向上させるためには、英語の音声を通じてストックを増す必要があり、それには量と多様性が鍵になります。

初級・初中級レベルまでは、リスニングと音読パッケージの素材が1対1の対応をしていましたが、中級以上のレベルではその公式は崩れ、リスニング素材の量が増え、その一部を音読パッケージしていくというスタイルになるでしょう。

つまり、A、B、Cという素材をリスニングしたら、Aに対してのみ音読パッケージを行う。次にD、E、Fという素材をリスニングし、Dだけ音読パッケージを行うという具合です。

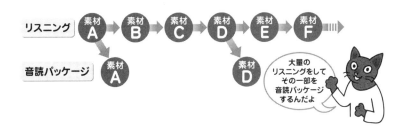

さらに力が伸びると、音読パッケージは最終的な形態となり、圧倒的な量のリスニングを行い、そのなかの好きなものをリピーティングしたり、シャドーイングしたりするだけとなります。ひとつの素材に対してサイクル回しをする必要もなくなります。このレベルに至ると一旦聴き解いてしまえば、どんな素材でもほぼ

完璧にテキストを見ないリピーティングができてしまうからです。サイクル回しは、気に入った素材に対し、やりたければやるという感じになります。また、必ずしもテキスト全体に対して音読パッケージを行う必要もありません。部分的につまみ食い的に行うだけでも構いません。つまり、音読パッケージはリスニングに内包されることになります。圧倒的な量と多様性を確保し、それを音読パッケージで追いかけていくという状態です。ただ、この鬼ごっこは決して追いつくことはありませんし、それを気にする必要もありません。私の教室では、TOEIC900点を超すような方も音読パッケージを行いますが、名称こそ同じですが、彼らが行っているのは、このような完全に基本形が解体されたスタイルのトレーニングです。

努力次第でやがては、このスタイルに到達するのですが、初級から中級の学習者の方は、しばらくは基本スタイルで英語体質を養ってください。

本書の構成・内容について

テキスト部分について

本書の英文は、文法・構文的には高校初級レベルです。左ページに英文、右ページには日本語訳、文法・構文等について簡単に説明した Notes、語句説明の Words & Phrases を載せています。

音声

本書には 2 枚の CD と、ダウンロード音声がついています。

● CD について

　　[DISC 1] 90 の全パッセージのナチュラル音声（1 トラックに 2 パッセージ）と、パッセージ 1 〜 23 のリピーティング用ポーズ入り音声が収録されています。

　　ナチュラル音声はリスニングとシャドーイングに使用します。

　　[DISC 2] パッセージ 24 〜 90 までのリピーティング用ポーズ入り音声が収録されています。

● ダウンロード音声について

　　CD と同じ音声を、ベレ出版のホームページより無料でダウンロードできます。音声は 2 ファイルあります。

　　・ナチュラル音声ファイル

　　・リピーティングポーズ入り音声ファイル

〈音声のダウンロード方法〉

こちらのサービスはパソコンからのダウンロードをお勧めします（スマートフォン、タブレットからのダウンロード方法については、小社では対応しておりません）。

① 「ベレ出版」ホームページ内、『NEW ぐんぐん英語力がアップする音読パッケージトレーニング 中級レベル』の詳細ページにある「音声ダウンロード」ボタンをクリック。（URL は https://www.beret.co.jp/books/detail/811）

② 8 ケタのコードを入力してダウンロード。
　　ダウンロードコード　　| g7seUAdg |

＊ダウンロードされた音声は MP3 形式となります。zip ファイルで圧縮された状態となっておりますので、解凍してからお使いください。

＊ zip ファイルの解凍方法、iPod 等の MP3 携帯プレイヤーへのファイル転送方法、パソコン、ソフトなどの操作方法については、メーカー等にお問い合わせくださるか、取扱説明書をご参照ください。小社での対応はできかねますこと、ご理解ください。

※音声の権利・利用については、小社ホームページ内 [よくある質問] にてご確認ください。

Passage 1

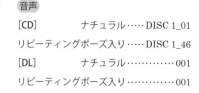

音声

[CD] ナチュラル……DISC 1_01
リピーティングポーズ入り……DISC 1_46
[DL] ナチュラル…………001
リピーティングポーズ入り…………001

Yukiko is from Japan. She moved to the US because her father started working for an American company. She came to our school this September, so now she is my classmate. Yukiko is very good at badminton and table tennis. She told me that she won a table tennis competition in Japan two years ago. In the future maybe she will become a famous table tennis player.

訳：ユキコは日本出身だ。父親がアメリカの会社で働き始めたため、彼女もアメリカに引っ越してきた。今年の9月に転校してきて、今は私のクラスメイトだ。ユキコはバドミントンと卓球がとても上手い。2年前に日本の卓球大会で優勝したと言っていた。彼女は将来、有名な卓球選手になるかもしれない。

Notes

Yukiko is very good at badminton and table tennis.

be good at ～は「～が上手い、～が得意だ」という表現ですが、「～するのが上手い［得意だ］」のように、at の後に動詞がくるときは動名詞になります。

ex: She is good at English.
彼女は英語が得意だ。

She is good at speaking English.
彼女は英語を話すのが得意だ。

Words & Phrases

- move to ～ ～に引っ越す
- be good at ～ ～が上手い
- table tennis 卓球
- competition/kàmpətíʃən/［名］ 大会
- in the future 将来

Passage 2

音声

[CD]　　　　ナチュラル⋯⋯DISC 1_01
　　　リピーティングポーズ入り⋯⋯DISC 1_47
[DL]　　　　ナチュラル⋯⋯⋯⋯002
　　　リピーティングポーズ入り⋯⋯⋯⋯002

Mrs. Walker is my English teacher. She is very strict in class and gets angry when somebody has not done their homework. When I first met her, I was a little afraid of her. But then I found out that she is a very interesting person. Before becoming an English teacher, she was an actress and appeared in some movies. She also knows martial arts, and does rock climbing.

> **訳:**ウォーカー夫人は私の英語の先生である。授業中はとても厳しく、誰かが宿題をやっていないときは怒る。初めて会ったとき、私は彼女のことが少し怖かった。でもやがて、彼女はとても面白い人であることがわかった。英語の先生になる前は、彼女は女優でいくつかの映画に出演した。また、彼女は武道に通じ、ロッククライミングもする。

Notes

Before becoming an English teacher, she was an actress ...

before ＋動名詞、after ＋動名詞で、「～する前」「～した後」となります。

ex: After washing his hands, he had lunch.

手を洗った後、彼は昼食を食べた。

なお、本文を従属節を使って書き換えれば、

Before she became an English teacher, she was an actress ...

となります。

Words & Phrases

● strict /stríkt/ ［形］ 厳しい
● actress /ǽktrəs/ ［名］ 女優
● appear in a movie 映画に出演する
● martial art 武道、格闘技

Passage 3

音声

[CD] ナチュラル……DISC 1_02
リピーティングポーズ入り……DISC 1_48
[DL] ナチュラル…………003
リピーティングポーズ入り…………003

Dear Jack,

We just came back from our vacation yesterday. This was my first time visiting Thailand. I really liked it. The food was great, and there were many places for sightseeing. Thailand has beautiful nature and a rich history. What I liked the most was the people. Thai people are really relaxed and helpful— they are a lot of fun to be with.

訳：ジャックへ

昨日みんなで休暇から帰ってきたよ。僕には初めてのタイ旅行だった。とても気に入ったよ。食べものは美味しいし、観光するところがたくさんある。タイは、自然は美しいし歴史に溢れている（美しい自然と豊かな歴史を有している）。なかでも一番気に入ったのは人々だ。タイ人は実にのんびりしていて親切なんだ。彼らと一緒にいるのはとても楽しいよ。

Notes

What I liked the most was the people.

> 関係代名詞節 what I liked the most（僕が最も気に入ったもの）が文の主語となっています。

> ex: What they saw there was unbelievable.

> 彼らがそこで見たものは信じがたかった。

Words & Phrases

● Thailand /táilæ̀nd/ ［名］ タイ

● sightseeing /sáitsìːŋ/ ［名］ 観光

● relaxed /rilækst/ ［形］ のんびりしている

● helpful /hélpfəl/ ［形］ 助けになる

Passage 4

音声

[CD]　　　　　　ナチュラル……DISC 1_02
リピーティングポーズ入り……DISC 1_49
[DL]　　　　　　ナチュラル…………004
リピーティングポーズ入り…………004

When I was a kid, summer was my favorite season. During summer vacation I used to go to the beach and catch insects in the mountains. When I entered high school, I started skiing. Skiing is very important for me now because many of my friends are also skiers. So now, I think I can say that winter is my favorite season.

訳：私が子どもだったころ、夏はお気に入りの季節だった。夏休みの間よくビーチに行ったり、山で昆虫採集をしたものだ。高校に入ると私はスキーを始めた。スキーは今の私にとってとても大事である。なぜなら友人の多くもまたスキーをするから。したがって今は、冬が私のお気に入りの季節だと言っても差し支えない。

Notes

... because many of my friends are also skiers.

... because many of my friends also ski. と動詞 ski を使うこともできますが、英語では「〜する人」という意味の名詞〈動詞＋ er〉で表現することがよくあります。

ex: 彼女は歌が上手い。

She sings well. → She is a good singer.

彼は歩くのがはやい。

He walks fast. → He is a fast walker.

Words & Phrases

● used to ~　以前は〜したものだ

● insect /ínsekt/ [名]　昆虫

Passage 5

音声

[CD]　　　　　ナチュラル……DISC 1_03
リピーティングポーズ入り……DISC 1_50
[DL]　　　　　ナチュラル…………005
リピーティングポーズ入り…………005

Dear Sally,

Thank you very much for inviting me to your birthday party. You are my best friend and I really want to come and enjoy the party. Unfortunately, though, I can't come because my grandmother's birthday is on the same day. And last year I promised that I would visit her on her birthday. I want to keep my promise to her. Please forgive me!

> 訳：サリーへ
> あなたの誕生日パーティーに招待してくれて本当にありがとう。あなたは親友だし、パーティーにはぜひ行って一緒に楽しみたい。でも残念だけど、同じ日に祖母の誕生日があるから行けないの。それに去年、誕生日には会いに行くと祖母と約束したの。私は祖母との約束を守りたい。本当にごめんね！

Notes

Thank you very much for inviting me to your birthday party.

thank（人）for 〜（物）「人に〜のことで感謝する」

「〜してくれたことに感謝する」というように、「〜」が動作の場合は、前置詞（for）の後なので、動名詞となります。

ex: She thanked him for coming all the way.

彼女ははるばる来てくれたことについて彼に感謝した。

Words & Phrases

- invite /inváit/［動］ 招待する
- unfortunately /ʌnfɔ́ːrtʃənətli/［副］ 残念ながら
- promise /prámis/［動］ 約束する
- keep one's promise 約束を守る

Passage 6

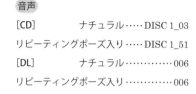

音声
[CD]　　　　ナチュラル‥‥‥DISC 1_03
リピーティングポーズ入り‥‥‥DISC 1_51
[DL]　　　　ナチュラル‥‥‥‥‥006
リピーティングポーズ入り‥‥‥‥‥006

Mr. Jones, our new neighbor, is the strongest man I have ever seen. He runs ten kilometers every day and lifts weights in his yard several times a week. At first, I thought that he had some kind of job related to sports. Imagine my surprise when I learned that he was an engineer, and his job was to build roads and bridges!

> **訳**：新しいご近所さんであるジョーンズ氏は、私が今まで会った人の
> なかで最も屈強な男だ。彼は毎日 10 キロ走り、週に何回か庭でウエ
> イトトレーニングをしている。最初は、彼は何かスポーツに関する仕
> 事をしているのだと思った。彼がエンジニアで、道路や橋を建設する
> 仕事をしているとわかったときの私の驚きを想像してごらんよ！

Notes

Mr. Jones, our new neighbor, is the strongest man I have ever seen.

> the strongest man I have ever seen
> 私が今まで会った人のなかで最も屈強な男
> 「S が今までに V した最も〜な人・物」という表現。I have ever seen は関係代名詞節で、目的格の関係代名詞 that が省略されています。関係代名詞節では完了時制を用います。
> ex: This is the funniest joke I have ever heard.
> これは私が今までに聞いた最も面白いジョークだ。
> That was the most interesting book she had ever read.
> それは彼女がそれまでに読んだ最も面白い本だった。

Words & Phrases

- lift weights　ウエイトトレーニングをする
- yard /jáːrd/［名］庭
- related to 〜　〜に関連する
- imagine /imǽdʒin/［動］想像する
- engineer /èndʒiníər/［名］エンジニア

Passage 7

音声

[CD]　　　　　ナチュラル·····DISC 1_04
　リピーティングポーズ入り·····DISC 1_52
[DL]　　　　　ナチュラル·············007
　リピーティングポーズ入り·············007

All food goes bad at some point. At least, that is what everybody seems to think. The only exception to this rule is honey. Scientists have found that pure honey can last forever. This might sound like a mystery, but it's actually a fact. The key to the longevity of honey is hidden in its taste. It is the combination of its sweet and sour tastes that keeps it from going bad.

> **訳：**あらゆる食べものはいつか腐ってしまう。少なくとも、誰もがそう考えているようだ。この法則の唯一の例外は蜂蜜だ。科学者たちは、純粋な蜂蜜は永久に腐らないことをつきとめた。これはもしかすると不可解に聞こえるかもしれないが、事実なのである。蜂蜜の長持ちの秘訣はその味に隠されている。蜂蜜が腐るのを防いでいるのは蜂蜜が持つ甘さと酸味の組み合わせなのである。

Notes

It is the combination of its sweet and sour tastes that keeps it from going bad.

強調構文を使った文。

強調構文　It is ～ that ... では、強調したい語句を～の位置に置きます。

例えば、I saw the movie yesterday.（私は昨日その映画を観た）で the movie を強調したければ、

It was the movie that I saw yesterday.（私が昨夜観たのはその映画だった）となります。

Words & Phrases

- go bad　腐る
- at some point　いつか
- last /lǽst/［動］持続する、保つ
- mystery /místəri/［名］なぞ、不可解なこと
- longevity /lɑndʒévəti/［名］長命、長続きすること
- combination /kὰmbənéiʃən/［名］組み合わせ

Passage 8

音声

[CD] ナチュラル·····DISC 1_04
リピーティングポーズ入り·····DISC 1_53
[DL] ナチュラル·············008
リピーティングポーズ入り·············008

Blue whales are the largest living animals on earth. They may reach up to 30 meters in length. Males weigh about 100 tons, and females, about 112 tons. The heart of a blue whale alone is about 600 kilograms! Its heartbeat can be felt from 3 kilometers away. Its heart is so big that an adult human can fit in its blood vessels.

訳：シロナガスクジラは地球上で最大の生物である。体長は最大30
メートルに達することがある。オスの体重はおよそ100トン、メスは
およそ112トンある。シロナガスクジラは、心臓だけでなんと約600
キログラムもある。心臓の鼓動は3キロメートル離れていても聞こえ
る。シロナガスクジラの心臓は、人間の成人が血管にすっぽり収まっ
てしまうほど大きいのだ。

Notes

Its heart is so big that an adult human can fit in its blood
vessels.

「とても～なので…」の意味の so ～ that ... の構文。

ex: The stone was so heavy that he could not lift it up.

その石はとても重かったので彼は持ち上げることができなかっ
た。

Words & Phrases

- blue whale　シロナガスクジラ
- weigh /wéi/［動］　重さが～ある
- heartbeat /hártbìt/［名］　心臓の鼓動
- fit in ～　～に収まる
- blood vessel　血管

Passage 9

音声

[CD]　　　　　ナチュラル……DISC 1_05
　　　リピーティングポーズ入り……DISC 1_54
[DL]　　　　　ナチュラル……………009
　　　リピーティングポーズ入り……………009

When Jack was in high school, he imagined that studying at university would be very similar to studying in high school. Now that he has become a university student, he can clearly see that the two are actually very different. Listening to lectures and reading textbooks are only a small part of university life. Students are required to read much more, think critically and write research papers.

> **訳：**ジャックは高校生のころ、大学での勉強は高校での勉強ととても似通ったものだろうと想像していた。今や彼は大学生になり、その2つは実際には大きく異なることを明確に認識している。講義を聴き教科書を読むことは大学生活のほんの一部にすぎないのだ。学生はもっとたくさん読み、批判的に思考し、研究レポートを書くことを求められている。

Notes

Now that he has become a university student, he can clearly see that the two are actually very different.

now that ～で「今や～なので」という意味になります。

ex: Now that the exam is over, I can relax for a while.

試験が終わったので、しばらくゆっくりできる。

Words & Phrases

● similar to ～　～に類似している

● be required to ～　～することを求められる

● critically /krítikəli/ ［副］　批判的に、分析的に

Passage 10

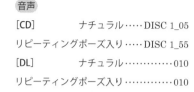

音声

[CD] ナチュラル……DISC 1_05
リピーティングポーズ入り……DISC 1_55
[DL] ナチュラル……………010
リピーティングポーズ入り……………010

For a long time, people believed that if you wanted to lose weight, you had to eat less. Recently, though, researchers at Johns Hopkins University discovered that eating less is not the answer to losing weight. The important thing is not how much you eat, but what you eat. Their research showed that eating less bread and rice, and more meat and fish, is a better way to get slimmer faster.

> **訳：**人々は長い間、体重を減らしたければ食べる量を減らす必要があると信じてきた。しかしながら近年、ジョンズ・ホプキンズ大学の研究者たちは、食べる量を減らすことが減量の答えではないことを発見した。重要なことは、どれだけ食べるかではなくて何を食べるか、である。彼らの研究が示したのは、パンや米の摂取量を減らして肉や魚の摂取量を増やすことがより早く痩せるためのより良い方法であるということだ。

Notes

... that eating less is not the answer to losing weight.

the answer to losing weight（減量の答え）で、the answer と losing weight をつなぐ前置詞は to。

「〜の答え」に引っ張られ、of にしやすいので注意。key to 〜「〜の鍵」なども同じです。

ex: They tried to find the answer to the problem.
彼らは問題の答えを見つけようとした。

Do you have the key to the car?
その車の鍵を持っていますか。

Words & Phrases

● lose weight　体重を減らす

● researcher /rɪsə́ːrtʃər/［名］　研究者

● answer to 〜　〜に対する答え

Passage 11

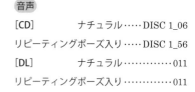

音声
[CD]　　　　　ナチュラル‥‥‥DISC 1_06
リピーティングポーズ入り‥‥‥DISC 1_56
[DL]　　　　　ナチュラル‥‥‥‥‥‥011
リピーティングポーズ入り‥‥‥‥‥‥011

A wave of cold weather is expected to arrive on Monday in Hokkaido Prefecture. The temperatures will decrease by 11–13 degrees, reaching −17°C in some parts of the island. We expect continuous snowfall and strong winds during the next four days. From Thursday evening, the weather will start getting milder and by Friday, it will be sunny and much warmer.

> 訳：月曜日、北海道に寒波が到来する見込みです。道内の気温は11度から13度落ち込み、所によりマイナス17度に達するでしょう。明日からの4日間は降雪や強風が続く見通しです。木曜日の夜から天気は回復し始め、金曜日までには晴れて気温も大幅に上昇するでしょう。

Notes

A wave of cold weather is expected to arrive on Monday in Hokkaido Prefecture.

> be expected to ～「～することが予想［期待］されている」
>
> believe、say、think なども、同様に受動態 +to のパターンを使います。

> ex: He is believed to be one of the greatest writers.
> 彼は最も偉大な作家のひとりと信じられている。

Words & Phrases

- a wave of cold weather　寒波
- decrease /dikríːs/ ［動］　減る
- continuous /kəntínjuəs/ ［形］　継続的な
- snowfall /snóufɑl/ ［名］　降雪

Passage 12

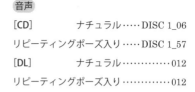

音声

[CD]　　　　　ナチュラル……DISC 1_06

リピーティングポーズ入り……DISC 1_57

[DL]　　　　　ナチュラル…………012

リピーティングポーズ入り…………012

Learning a new language is one of the greatest gifts you can give yourself. When you start learning a new language, your brain gets used to new grammar, vocabulary and pronunciations. The logic of the new language helps your brain develop, so in a way, language learning makes you smarter. Learning a language is also a great way to learn about other countries and cultures—it helps you become a citizen of the world.

訳：新しい言語を習得することは自分に与えることのできる最も素晴らしい贈りもののひとつだ。新しい言語を学び始めるとき、脳は新しい文法、語彙、発音に慣れていく。新しい言語の論理は脳の発達を促すので、ある意味、言語学習によって人は賢くなるのだ。言語はまた他の国や文化について学ぶ素晴らしい方法でもある。それによって世界市民になることができるのだ。

Notes

…, your brain gets used to new grammar, vocabulary and pronunciations.

> used は「慣れている」という意味の形容詞で、get used to ～ は「～に慣れる」。「慣れている」という状態を言うときは be 動詞を用い、be used to ～ となります。

> ex: She is used to foreigners. 彼女は外国人に慣れている。
> 「～することに慣れている」と言うときは〈to ＋動名詞〉の形になります。間違えて動詞の原形を使わないように。

> ［正］She is used to taking care of foreigners.
> 　　彼女は外国人の世話をすることに慣れている。

> ［誤］She is used to take care of foreigners.

Words & Phrases

- brain /bréin/［名］脳
- get used to ～　～に慣れる
- grammar /grǽmər/［名］文法
- vocabulary /voukǽbjulèri/［名］語彙
- pronunciation /prənʌ̀nsiéiʃən/［名］発音
- citizen /sítəzən/［名］市民

Passage 13

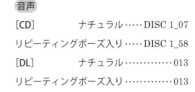

音声

[CD]　　　　　ナチュラル·····DISC 1_07
リピーティングポーズ入り·····DISC 1_58
[DL]　　　　　ナチュラル·············013
リピーティングポーズ入り·············013

My father is a carpenter. Carpenters create things from wood—everything from furniture to houses. Of course, the skills required to make a chair are different from those needed to build an entire house. What my father does is a little bit different from what carpenters normally do. His specialty is building Buddhist temples. That is why he travels all over Japan and helps renovate old temples and build new ones.

> **訳：**私の父は大工だ。大工は木からものを作る。家具から家まで何も
> かも。もちろん、椅子を作るのに要する技術は家1軒を建てるのに必
> 要な技術とは違う。父がやっていることは大工が通常やることとは少
> し違っている。父の専門は仏教寺院の建立である。そういうわけで父
> は、日本中をまわって古い寺院を改修したり新しい寺院を建立するの
> を手伝っている。

Notes

…, the skills required to make a chair are different from those needed to build an entire house.

ここでの those は名詞 skills の繰り返しを避けるために使われています。前に出た名詞が単数なら that となります。

> ex: The climate of this country is similar to that of Japan.
>
> その国の気候は日本の気候と似ている。

Words & Phrases

- carpenter /kɑ́ːrpəntər/ ［名］ 大工
- furniture /fə́ːrnitʃər/ ［名］ 家具
- entire /intáiər/ ［形］ 全体の、全部の
- Buddhist temple 仏教寺院
- renovate /rénəvèit/ ［動］ 改修する

Passage 14

音声

[CD]　　　　　　ナチュラル……DISC 1_07
リピーティングポーズ入り……DISC 1_59
[DL]　　　　　　ナチュラル…………014
リピーティングポーズ入り…………014

You might not be surprised to learn that orangutans and chimpanzees have fingerprints that are so similar to humans' that even the police cannot distinguish them easily. But this might surprise you: koala fingerprints, sometimes found at the scene of crimes in Australia, are also very similar to human ones. One theory is that they developed fingerprints to make it easier to grasp leaves when eating.

訳：オランウータンとチンパンジーが、警察ですら容易には判別でき
ないほど人間と非常によく似た指紋を持っていることを知ってもそう
驚きはしないかもしれない。しかし、こちらには驚くかもしれない：
オーストラリアの犯行現場でときどき発見されるコアラの指紋も人間
の指紋に非常に似ているのだ。一説によると、コアラは食事の際に葉
をつかむのを容易にするために指紋を発達させたそうだ。

Notes

One theory is that they developed fingerprints ...

「ひとつの説は…だ」と theory の内容を that 節で説明してい
ます。同じパターンの The fact is that ...（事実は…だ）、
The truth is that ...（真実は…だ）などもよく使われます。

ex: The fact is that he was ill then.

実は彼はそのとき病気だった。

Words & Phrases

● orangutan /ɔːrǽŋətæn/［名］ オランウータン
● fingerprint /fíŋgəprint/［名］ 指紋
● distinguish /distíŋgwiʃ/［動］ 区別する
● grasp /grǽsp/［動］ しっかりと握る

Passage 15

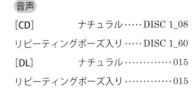

音声

[CD] ナチュラル······DISC 1_08
リピーティングポーズ入り······DISC 1_60
[DL] ナチュラル··············015
リピーティングポーズ入り··············015

The influenza outbreak this year seems to be worse than average. The Department of Education announced that if more than 8% of the students in a given school become infected, the school will be shut down temporarily. The best way to protect yourself from getting the flu virus is to wash your hands regularly, wear a mask and avoid crowded places whenever possible.

> **訳：** 今年のインフルエンザの流行は平年よりもひどいようだ。教育省は、学校のインフルエンザ感染者が生徒数の 8% を超えた場合、学校の一時閉鎖が行われる旨の通達を出した。インフルエンザウイルスの感染から身を守る一番の方法は、定期的に手を洗い、マスクをし、そしてできるだけ人混みを避けることだ。

Notes

The influenza outbreak this year seems to be worse than average.

> to 不定詞を使った seem to ～ は「～のようだ」「～らしい」という意味のフレーズ。It seems that ... の構文に言い換えることができます。

> → It seems that the influenza outbreak this year is worse than average.

Words & Phrases

- influenza /ìnfluénzə/［名］ インフルエンザ
- outbreak /áutbrèik/［名］（感染症などの）大流行
- given /gívən/［形］ 任意の
- infected /inféktəd/［形］ 感染した
- shut down　閉鎖する
- protect /prətékt/［動］ 守る
- flu virus　インフルエンザウイルス
- whenever possible　いつでも可能な限り

Passage 16

音声

[CD]　　　ナチュラル‥‥‥DISC 1_08
リピーティングポーズ入り‥‥‥DISC 1_61
[DL]　　　ナチュラル‥‥‥‥‥‥016
リピーティングポーズ入り‥‥‥‥‥‥016

Ears are fascinating organs. They never stop hearing, from before birth until the day we die. When we are asleep, the brain ignores most sounds so that we can sleep. The ears are also important for keeping our balance. That's why ear infections sometimes make us a little shaky when we walk. Scientists are not sure why we have earlobes but apparently, they keep on growing constantly.

> **訳：** 耳は興味深い器官だ。生まれる前から死ぬその日まで耳は聞き続けることをやめない。私たちが眠っているとき、眠れるように脳はほとんどの音を無視する。耳はまたバランスを保つためにも重要である。だから耳の感染症があると歩いているときにたまに少しフラフラする。科学者はなぜ人間に耳たぶがあるのかがわからずにいるが、明らかにそれは絶えず成長し続けている。

Notes

When we are asleep, the brain ignores most sounds so that we can sleep.

> 「～するように」「～できるように」といった意味を表す目的の so that 構文が使われています。
>
> ex: He is saving money so that he can buy a new car next year.
> 来年新車を買えるように彼はお金を貯めている。

Words & Phrases

- fascinating /fǽsənèitiŋ/［形］ 非常に面白い
- organ /ɔ́:rgən/［名］ 器官
- asleep /əslí:p/［形］ 眠っている
- ignore /ignɔ́:r/［動］ 無視する
- shaky /ʃéiki/［形］ フラフラする、よろめく
- earlobe /íərlòub/［名］ 耳たぶ
- keep on ~ing ～し続ける

Passage 17

音声

[CD] ナチュラル……DISC 1_09
リピーティングポーズ入り……DISC 1_62
[DL] ナチュラル……………017
リピーティングポーズ入り……………017

Mr. Novak, this is James Longhorn, calling you from the Plaza Hotel in Cincinnati. Last week, you reserved a single room for five nights, starting May 3. I'm happy to tell you that the manager has decided to offer you an upgrade to a deluxe room. This will not cost you any extra fees. We are looking forward to your visit at the Plaza Hotel.

訳：ノバク様、私はシンシナティにあるプラザホテルのジェームズ・ロングホーンと申します。お客様は先週、5月3日から5泊で、シングルルームをご予約されました。当支配人がお客様にデラックスルームへのアップグレードをご提供することを決定しましたことを喜んでお伝え申し上げます。これによるお客様の追加のご負担はございません。お客様のプラザホテルへのお越しを心よりお待ちしております。

Notes

This will not cost you any extra fees.

　　　　cost が動詞として使われています。間接目的語（you）と直接目的語（extra fees）と2つの目的語を取っています。

　　　　ex: This jacket cost me 100 dollars.

　　　　この上着は 100 ドルした。

Words & Phrases

● reserve /rizə́:rv/ ［動］ 予約する
● starting ～ 　～から
● upgrade /ʌ́pgreid/ ［名］ アップグレード、格上げ
● extra fee 　追加料金

Passage 18

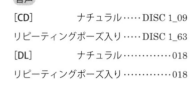

音声

[CD]　　　　ナチュラル……DISC 1_09
リピーティングポーズ入り……DISC 1_63
[DL]　　　　ナチュラル…………018
リピーティングポーズ入り…………018

Dogs are often described as "man's best friend." What about cats? Many people love having a cat at home in modern society, but we rarely think about how far back in history the custom of keeping a house cat goes. Archeologists in Cyprus discovered the bones of cats that date from 9,500 years ago. This shows us that people and cats have lived under the same roof for quite a long time.

訳：イヌはしばしば「人間の最良の友」と表現される。ネコはどうだ
ろう？　現代社会では多くの人が好んでネコを家で飼っているが、ネ
コを家で飼う習慣がいつの時代にまで遡るかについて我々が思いを馳
せることは滅多にない。キプロスの考古学者たちは 9500 年前のネコ
の骨を発見した。これは、人間とネコが長い間同じ屋根の下で暮らし
てきたことを示している。

Notes

..., but we rarely think about how far back in history the
custom of keeping a house cat goes.

> 副詞 rarely は肯定文のなかで使われますが、「めったに～ない」
> という否定の意味合いを作ります。同じような働きをする副詞
> に seldom（めったに～ない）、hardly（ほとんど～ない）、
> scarcely（ほとんど～ない）があります。

> ex: It seldom rains here.

> ここではめったに雨が降らない。

> They could hardly understand what the man
> was saying.

> 彼らはその男の言っていることがほとんど理解できなかっ
> た。

Words & Phrases

- describe /diskráib/［動］　言い表す
- rarely /réərli/［副］　めったに～ない
- archeologist /árkiɑ̀lədʒist/［名］　考古学者
- date from ～　（年代が）～から始まる

Passage 19

音声

[CD]　　　　　　ナチュラル‥‥‥DISC 1_10
リピーティングポーズ入り‥‥‥DISC 1_64
[DL]　　　　　　ナチュラル‥‥‥‥‥‥019
リピーティングポーズ入り‥‥‥‥‥‥019

The toilet has been an important part of our lives for millennia. It first started as a simple hole in the ground and gradually became the complicated version we use today. The first toilets built as separate rooms were in castles built during the 11th century. The "flush toilet" we use today was invented in 1569, but it only became widespread nearly 300 years later, around 1851.

訳：トイレは何千年にもわたり我々の生活の重要な一部である。トイレは当初地面の単なる穴として始まり、徐々に今日我々が使用するような複雑な形態になった。個室として造られた最初のトイレは 11 世紀に建てられた城のなかにあった。今日使われている「水洗トイレ」は 1569 年に発明されたが、300 年近く経った後の 1851 年ごろにようやく普及した。

Notes

... it only became widespread nearly 300 years later, around 1851.

> ここでの only は物事が起こることが遅いことを表し、「～になってようやく［初めて、やっと］」という意味です。

> ex: They finished the project only last week.
> 彼らはプロジェクトを先週ようやく終えた。

Words & Phrases

- millennia /məléniə/［名］ millennium（千年）の複数形、数千年
- complicated /kámpləkèitid/［形］ 複雑な
- flush toilet 水洗トイレ
- widespread /wáidspréd/［形］ 普及した

Dear Jeff,

Thanks a lot for letting me study using your notes. I had to be absent from school for ten days because I caught the flu and was really worried about the exam. Thanks to your detailed and well-written notes, I was able to study properly, and got an A. Please let me know if you ever need my help with any subject. I'll be happy to return the favor.

Regards,

Sarah

> 訳：ジェフへ
>
> ノートを貸してくれてどうもありがとう（あなたのノートを使って勉強させてくれてありがとう）。インフルエンザにかかったから10日間学校を休まなければならなくて、試験のことが本当に心配だった。あなたの詳しくて整理されたノートのおかげで上手く勉強できたし、Aを取れたわ。どんな科目でも私の力が必要なときはいつでも声をかけて。喜んで今回のお返しをするわ。
>
> それでは
>
> サラ

Notes

Please let me know if you ever need my help with any subject.

> 「〜に知らせる」には inform、notify などがありますが、使役動詞 let を使った let 〜 know はよく使われる表現です。直訳すれば、「〜に知ることをさせてやる」ですね。

ex: Let me know if you come to my town.

> 私の町に来たら教えてね。
>
> Did you let him know about the change?
> 彼に変更について知らせたかい？

Words & Phrases

- be absent from 〜　〜を休んでいる
- detailed /díːteild/ ［形］ 詳しい
- well-written　（書類などが）上手くまとめられた
- properly /prápərli/ ［副］ 適切に
- return a favor　恩返しする

Passage 21

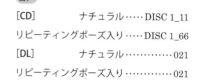

音声

[CD] ナチュラル……DISC 1_11
リピーティングポーズ入り……DISC 1_66
[DL] ナチュラル…………021
リピーティングポーズ入り…………021

The red velvet worm is an interesting creature. It lives in moss-covered ground in rain forests. It's not actually a worm. It has many pairs of tiny legs, and very soft skin, like velvet. When it hunts for an insect to eat, it shoots two threads of sticky liquid at its target. Seconds later, the worm enjoys its meal, as the liquid quickly dries into a strong rope.

> **訳：**アカカギムシ（ベルベットワーム）は面白い生きものである。熱帯雨林のコケに覆われた地表に生息している。アカカギムシは実際には蠕虫（ワーム）ではない。何対もの小さな脚と、ビロードのようなとても柔らかい皮膚を持っている。餌にする昆虫を狩るときは、2筋の粘液を獲物めがけて噴射する。数秒で液体が急速に乾燥して丈夫な糸になると、アカカギムシは獲物をじっくりと味わう。

Notes

..., the worm enjoys its meal, as the liquid quickly dries into a strong rope.

> as は接続詞として様々な意味を持ち、「～したとたんに、～しながら」といった「時（同時性）」も表現します。

> ex: The telephone rang as he was leaving.
> 彼が出かけようとしていると電話が鳴った。

Words & Phrases

- velvet /vélvit/［名］ ビロード
- creature /kríːtʃər/［名］ 生きもの
- moss-covered コケに覆われた
- worm /wə́ːrm/［名］ 蠕虫（ぜんちゅう）
- tiny /táini/［形］ 小さい
- thread /θréd/［名］ 糸、筋状のもの
- sticky /stíki/［形］ 粘り気のある
- liquid /líkwid/［名］ 液体

Passage 22

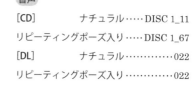

音声

[CD]　　　　ナチュラル‥‥‥DISC 1_11
リピーティングポーズ入り‥‥‥DISC 1_67
[DL]　　　　ナチュラル‥‥‥‥‥022
リピーティングポーズ入り‥‥‥‥‥022

Since the mid 1970s, women's tennis has been as popular as men's. This happened partly because of a famous match in 1973 between a 55-year-old retired pro, Bobby Riggs, and that year's best women's player, Billie Jean King. Riggs believed women couldn't play well, so he challenged King to a match. Even at 55, he thought he could beat King. But 90 million people worldwide witnessed King win easily.

訳：1970年代半ば以降、女子テニスは男子テニスと同じくらい人気がある。そうなった理由のひとつは1973年に行われた有名な試合で、55歳の元プロ、ボビー・リッグスと、その年最高の女子選手、ビリー・ジーン・キングとが対戦した。リッグスは女性は満足にテニスができないと思い込んでおり、それでキングに試合を挑んだ。彼は、55歳でもキングに勝てると踏んでいた。しかし、世界中の9000万人はキングがやすやすと勝利を収めるのを目撃した。

Notes

This happened partly because of a famous match ...

> because of ~「~が原因で」に partly がかかり、「ひとつには［ある程度は］~が原因で」という意味になっています。partly の代わりに entirely を用いれば「完全に~が原因で」となります。
>
> ex: They lost the game entirely because of his error.
> 完全に彼のエラーが原因で彼らは試合に負けた。

Words & Phrases

- partly because of ~　~が原因のひとつで
- witness /wítnis/ ［動］　目撃する

Passage 23

音声

[CD]　　　　　　ナチュラル……DISC 1_12
　リピーティングポーズ入り……DISC 1_68
[DL]　　　　　　ナチュラル…………023
　リピーティングポーズ入り…………023

Rick was worried about his homework. That day, his teacher had given his class a writing assignment. She wanted them to write a whole page about a family member or relative. Rick chose his cousin, Bradley, but he didn't know what to write. Rick's mother reminded him about all their experiences together, and about Bradley's character. Rick said maybe he could write four pages about Bradley!

訳：リックは宿題が心配だった。その日、先生が授業で作文の課題を出していた。家族か親戚の誰かについて1枚分書くように言ったのだ。リックはいとこのブラッドリーについて書くことにしたが、何を書けばいいのかわからなかった。リックの母は彼に2人が一緒にしたあらゆる経験やブラッドリーの性格について思い出させた。リックは、ブラッドリーについて4枚分だって書けそうな気がするよと言った。

Notes

Rick was worried about his homework. That day, his teacher had given his class a writing assignment.

リックが心配する前に、宿題が出されていたという前後関係を表すために、後の文では過去完了形（大過去）が使われています。

ex: They arrived earlier there than they had expected.

彼らは予想したより早めにそこに到着した。

Words & Phrases

- be worried about ～　～について心配している
- family member　家族のひとり
- relative /rélətiv/［名］　親戚
- cousin /kʌ́zn/［名］　いとこ
- remind /rimáind/［動］　思い出させる

Passage 24

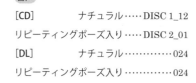

音声

[CD]　　　　　ナチュラル……DISC 1_12
リピーティングポーズ入り……DISC 2_01
[DL]　　　　　ナチュラル…………024
リピーティングポーズ入り…………024

Our pet is a dog named Max. Max came to our house when my son Simon was three years old. Simon plays with Max every day and they often go for long walks in the park. Max is like a little brother to Simon, but after 10 years, he has become a very old dog. Simon hopes to be able to spend as much time with Max as possible.

訳：我が家のペットは、マックスという犬です。息子のサイモンが3歳のときに、マックスは我が家にやってきました。サイモンは毎日マックスと遊び、彼らはよく公園に散歩に行きます。マックスはサイモンにとっては弟のような存在ですが、10年経って老犬になってしまいました。サイモンは、少しでも長くマックスと一緒にいられることを願っています。

Notes

Our pet is a dog named Max.

　　　分詞（named）が後ろから名詞を修飾する後置修飾の例です。

　　ex: Do you see the boys running in the park?

　　　　公園で走っている少年たちが見えますか。（現在分詞）

　　　　This is a book written hundreds of years ago.

　　　　これは数百年前に書かれた本だ。（過去分詞）

Words & Phrases

● go for a walk　散歩に行く

● hope to ～　～することを望む

● be able to ～　～することができる

● as much ～ as possible　できるだけたくさんの～

Passage 25

音声

[CD]　　　　　　　ナチュラル……DISC 1_13
リピーティングポーズ入り……DISC 2_02
[DL]　　　　　　　ナチュラル…………025
リピーティングポーズ入り…………025

Joanne is studying Spanish at her high school and hopes to use it by living in a Spanish-speaking country. But she finds it hard to remember the words and grammar rules she studies. Her uncle Peter lives in Italy and learned to speak fluent Italian. He suggested she use the internet to read and listen to Spanish for 20 minutes every day. Since she tried this, her Spanish grades have greatly improved.

> 訳：ジョアンは高校でスペイン語を勉強しており、スペイン語圏に暮らすことでスペイン語を使いたいと望んでいる。しかし、勉強している語彙や文法規則を覚えるのが難しいと感じている。おじのピーターはイタリアに住んでおり、流暢なイタリア語を話せるようになった。おじは彼女に、インターネットを活用して毎日20分間スペイン語を読んで聴くことを勧めた。これをやりだしてから、彼女のスペイン語の成績は著しく向上した。

Notes

He suggested she use the internet to read and listen to Spanish for 20 minutes every day.

提案や要求を表す文の that 節で動詞の原形を使う「仮定法現在」の文です（本文では that は省略されています）。

ex: The man ordered that he leave immediately.

その男性は彼にただちに立ち去ることを命じた。

They demanded that they be treated fairly.

彼らは公平に扱われることを要求した。

Words & Phrases

● grammar /grǽmər/［名］ 文法

● suggest /səgdʒést/［動］ 提案する、勧める

● grade /gréid/［名］ 成績

Passage 26

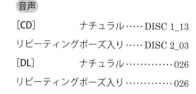

音声
[CD]　　　　　ナチュラル……DISC 1_13
リピーティングポーズ入り……DISC 2_03
[DL]　　　　　ナチュラル…………026
リピーティングポーズ入り…………026

When Gabriel finished college, he found a job in Prescott, and moved there. He liked it, but there was no park in his neighborhood. Gabriel complained, but it did no good. Before his daughter was born, he decided to take action so she would have a place to run and play. He decided to compete in the city council election, and he won! Now he thinks a park might actually be built.

> 訳：ガブリエルは大学を卒業すると、プレスコットに就職口を見つけ、そこに引っ越した。彼はそこを気に入ったが、近所に公園が無かった。ガブリエルは陳情したが、どうにもならなかった。自分に娘が生まれる前に、娘が走ったり遊んだりする場所ができるよう、彼は行動を起こす決心をした。市議会選挙に出馬することを決め、当選したのだ！彼は今では実際に公園ができるかもしれないと考えている。

Notes

... there was no park in his neighborhood.

> ここでの no は形容詞で、名詞の前に用い、「ひとつ［ひとりも］も〜無い、どんな［少しの］〜も無い」を表現します。

> ex: There is no truth to that story.

> > その話は嘘っぱちだ（その話には少しの真実も無い）。

> no で始まる nobody、nothing、nowhere のような語も文を全否定します。

> ex: I saw nobody there.　私は誰にも会わなかった。

> > Nothing could change her mind.

> > 彼女の気持ちを変えられるものは何も無かった。

> > He had nowhere to go.　彼には行き場が無かった。

Words & Phrases

- Prescott /préskɑt/ ［名］ プレスコット（アリゾナ中部の町）
- complain /kəmpléin/ ［動］ 苦情を申し立てる
- do no good　効果が無い、どうにもならない
- take action　行動を起こす
- city council　市議会
- election /ilékʃən/ ［名］ 選挙

Passage 27

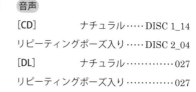

音声

[CD]　　　　　　　ナチュラル……DISC 1_14
　　リピーティングポーズ入り……DISC 2_04
[DL]　　　　　　ナチュラル…………027
　　リピーティングポーズ入り…………027

Last summer Janet saw some teenagers walking in her neighborhood, and two of them dropped litter on the sidewalk. She told them to pick it up, but they ignored her. Later, she organized a trash pick-up event, and invited lots of her neighbors. Twenty-six of them joined her. She hoped the kids would see them picking up trash. She thought it could be an important lesson in being responsible.

訳：去年の夏、ジャネットは10代の子たちが近所を歩き、そのうちの2人が歩道にゴミを捨てるのを見た。ゴミを拾うよう彼らに言ったが、無視された（彼らは彼女を無視した）。後に、彼女はゴミ拾いイベントを企画し、近所の人たちを大勢誘った。26人がジャネットのイベントに参加した。あの子たちも参加者がゴミ拾いしているところを見ていればいいなと彼女は期待した。責任を持つことを学ぶ重要な機会になりうると思ったのだ。

Notes

She hoped the kids would see them picking up trash.

〈知覚動詞＋O（目的語）＋現在分詞〉で「Oが〜しているところを見る［聞く、感じる etc.］」となります。

ex: I heard them speaking in a foreign language.
私は彼らが外国語で話しているのを聞いた。

Words & Phrases

- litter /lítər/［名］ ゴミ
- ignore /ignɔ́ːr/［動］ 無視する
- organize /ɔ́ːrɡənàiz/［動］ 計画する、催す
- trash /trǽʃ/［名］ ゴミ

Passage 28

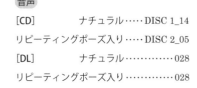

音声

[CD]　　　　　ナチュラル……DISC 1_14
リピーティングポーズ入り……DISC 2_05
[DL]　　　　　ナチュラル…………028
リピーティングポーズ入り…………028

Joe was seven when he joined a baseball team. He really wanted to win games, slug game-winning hits and make heroic defensive plays. When these things didn't regularly happen, Joe felt discouraged. Then his coach explained how to enjoy sports. He said they would sometimes make great plays. But sometimes they would fail, causing the team to lose. Instead, they should focus on making friends and working as a team. Joe agreed.

> **訳:**野球チームに加入したときジョーは7歳だった。彼は試合に勝ち、決勝打を打ち、かっこいい守備のプレーをしたくて仕方なかった。こうしたことはたいてい起こらず、ジョーは落ち込んだ。すると、コーチがいかにしてスポーツを楽しむかを説明した。彼は言った。好プレーが起きることもあるけれど、失敗し、それによってチームが負けてしまうこともある。それよりも、仲間を作り、チームとしてプレーすることに集中するべきだ。ジョーはなるほどと思った(同意した)。

Notes

He really wanted to win games, slug game-winning hits and make heroic defensive plays.

> wanted to(〜したかった)は win、slug、make の3つの動詞にかかっています。

But sometimes they would fail, causing the team to lose.

> 助動詞 would は「〜したものだった、よく〜した」という過去の反復を表しています。

> ex: He would often play catch with his father in front of their house.

> 彼は父親と家の前でよくキャッチボールをしたものだ。

Words & Phrases

- slug /slʌg/ [動] 強打する
- game-winning hit 決定打
- heroic /hiróuik/ [形] ヒーローのような
- defensive /difénsiv/ [形] 守備の
- discouraged /diskə́:ridʒd/ [形] 落胆した
- focus on 〜 〜に集中する

Passage 29

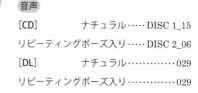

音声

[CD]　　　　　ナチュラル‥‥‥DISC 1_15
リピーティングポーズ入り‥‥‥DISC 2_06
[DL]　　　　　ナチュラル‥‥‥‥‥029
リピーティングポーズ入り‥‥‥‥‥029

Starting in the 1880s, the hat known as the fedora became a very popular fashion accessory for women, especially those who supported women's rights. In the 1920s, it became known as a men's hat. In fact, only very poor men would be seen in public without one. According to etiquette, men had to remove their hats when entering buildings and when speaking to women. It began to fade away in the late 1950s.

訳：フェドーラ（中折れ帽）として知られる帽子は、1880年代から女性たち、なかでも女性の権利を支持する人々に大人気のファッションアイテムになった。1920年代には、それは男性用の帽子として認知されるようになった。事実、人前でその帽子を被っていないのはごく貧しい男性だけだった。礼儀作法として、男性は建物のなかに入る際や女性と話す際は帽子を脱がなければならなかった。フェドーラは1950年代後半には次第に廃れていった。

Notes

…, men had to remove their hats when entering buildings and when speaking to women.

　　　　2つのwhen 節で文が冗長になるのを避けるため、when ～ingが用いられています。

　　　ex: He looked nervous when he was talking to women. → He looked nervous when talking to women.
　　　　女性と話すとき、彼は緊張している様子だった。

Words & Phrases

- fedora /fidɔ́ːrə/ ［名］ フェドーラ帽、中折れ帽
- support /səpɔ́ːrt/ ［動］ 支持する
- women's rights　女性の権利
- remove /rimúːv/ ［動］ 脱ぐ
- fade away　廃れる

Passage 30

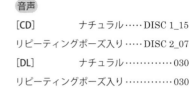

音声

[CD] ナチュラル……DISC 1_15
リピーティングポーズ入り……DISC 2_07
[DL] ナチュラル…………030
リピーティングポーズ入り…………030

Since she was about 5, Nancy has loved birds, and now she's in her second year of high school. She has two bird feeders outside her house, which she fills with seeds every morning. But they need to be replaced. While she was shopping for bird feeders online, her mother suggested she design and build them herself, since she is taking a woodworking class at school. Nancy wasn't confident about her skills, but accepted the challenge.

> 訳：5歳のころからナンシーは鳥が大好きで、彼女は今高校2年生である。家の外に鳥の餌箱が2つあり、毎朝それを種で満たす。でも餌箱を取り替えなくてはならなくなった。オンラインで鳥の餌箱を買おうとしていると、学校で木工の授業を受けているのだから自分で設計して作ってみたら、と母が提案してきた。ナンシーは自分の技術に自信が無かったが、やってみることにした。

Notes

She has two bird feeders outside her house, which she fills with seeds every morning.

> 関係代名詞の継続［非制限］用法の文です。限定［制限］用法では先行詞が、関係詞節によって限定的に修飾されるのに対し、継続［非制限］用法では補足的に修飾されます。
>
> ex:〈限定［制限］用法〉
>
> She has two children who live abroad.
> 彼女には外国に住んでいる子どもが2人いる（子どもが3人以上いる可能性あり）。
>
> 〈継続［非制限］用法〉
>
> She has two children, who live abroad.
> 彼女には子どもが2人いて、彼らは外国に住んでいる（子どもの数は2人）。

Words & Phrases

- feeder /fíːdər/［名］餌箱
- fill A with B　AをBで満たす
- seed /síːd/［名］種
- replace /ripléis/［動］取り替える
- shop for ～　～を買い求める、～の買いものをする
- woodworking /wúdwə́rkiŋ/［名］木工

Passage 31

音声

[CD]　　　ナチュラル……DISC 1_16
リピーティングポーズ入り……DISC 2_08
[DL]　　　ナチュラル…………031
リピーティングポーズ入り…………031

John is a commercial airline pilot. At first, he was bothered by the idea that the lives of so many people depended on his flying skills. Now, after 14 years of experience, he believes in his abilities as a pilot. Although he takes his responsibilities seriously, he no longer feels stress about his duties. Now he can enjoy the beauty of the skies and feel pride in the success of his work.

> **訳：**ジョンは民間航空会社のパイロットである。最初、大勢の人の命が彼の飛行技術にかかっているという考えを重荷に感じていた。今や、14年の経験を積み、パイロットとしての自分の能力を確信している。彼は自分の責任を真摯に受け止めているが、もはや自分の職務についてストレスを感じなくなった。今は空の美しさを楽しむことができ、仕事がうまくいっていることに誇りも感じられる。

Notes

…, he was bothered by the idea that the lives of so many people depended on his flying skills.

> 名詞（ここでは the idea）の直後の that 節が、「…という～」と、その名詞の内容を説明する同格の that の構文です。
>
> ex: There is a rumor that he will leave the town soon.
>
> 彼が間もなく町を出るという噂が立っている。
>
> The fact that he is talented cannot be denied.
>
> 彼には才能があるという事実は否定できない。

Words & Phrases

- commercial /kəmə́ːrʃəl/ ［形］ 商業の、民営の
- airline /éəlàin/ ［名］ 航空会社
- be bothered by ～ ～に悩んでいる、～を苦にしている
- depend on ～ ～次第である、～にかかっている

Passage 32

音声

[CD]　　　　ナチュラル‥‥‥DISC 1_16
リピーティングポーズ入り‥‥‥DISC 2_09
[DL]　　　　ナチュラル‥‥‥‥‥‥032
リピーティングポーズ入り‥‥‥‥‥‥032

Amanda didn't think she would enjoy chemistry. She felt it was hard to understand what was happening to things that are so tiny. But Ms. Booker, her chemistry teacher, was amazing. She was very good at explaining the connection between chemistry and our daily lives. Amanda was fascinated by the idea that every known thing in nature is made up of just 118 different elements, and that atoms are mostly empty space.

訳：アマンダは化学を楽しむようになるとは思っていなかった。微細な物質に起こっていることを理解するのは難しいと彼女は感じていた。しかし、化学のブッカー先生がとても素晴らしかった。彼女は、化学と我々の日常生活との結びつきを説明するのがすごく上手だった。アマンダは自然界のあらゆる既知の物質がたったの 118 種類の異なる元素からできていて、かつ原子はほとんど空っぽの空間であるという考えに魅了された。

Notes

Amanda didn't think she would enjoy chemistry.

> 間接話法における時制の一致の例です。アマンダが考えた時点では、化学を楽しむか否かは未来のことですが、過去形の didn't think のため、will も過去形の would になります。
>
> ex: 直接話法 … He said, "I will come home early today."
> 「僕は今日早めに帰宅するよ」と彼は言った。
>
> 間接話法 … He said that he would come home early that day. 彼はその日早めに帰宅すると言った。

Words & Phrases

- chemistry /kéməstri/［名］ 化学
- tiny /táini/［形］ 小さい
- amazing /əméiziŋ/［形］ 素晴らしい
- explain /ikspléin/［動］ 説明する
- connection /kənékʃən/［名］ 結びつき
- be fascinated by ~　~に魅了される
- atom /ǽtəm/［名］ 原子

Passage 33

音声

[CD] ナチュラル……DISC 1_17
リピーティングポーズ入り……DISC 2_10
[DL] ナチュラル……………033
リピーティングポーズ入り……………033

Alice had a best friend in college, but they haven't seen each other for over 20 years. This year, Alice decided to meet her friend again. She was worried that they would not be able to talk like they used to. However, when they met, it was as if all that time hadn't passed and they could talk just like old times. They agreed to meet at least once a year.

訳：アリスには大学時代の親友がいましたが、お互いに 20 年以上も会っていません。今年、アリスはその友人に再会することにしました。彼女は、2 人が以前のように話すことができないのではないかと心配していました。しかし、会ってみると、まるで年月が経っていないかのようで、昔のように話すことができました。2 人は少なくとも年に一度は会おうと約束しました。

Notes

She was worried that they would not be able to talk like they used to.

be worried that ... で、「…だと心配する」という意味です。同様のパターンでは、be sorry that ...（…で残念だ）、be delighted that ...（…で嬉しい）などがよく使われます。

ex: I am sorry that he could not come.

彼が来られなくて残念です。

They were delighted that he was well again.

彼が全快して彼らはとても喜んだ。

Words & Phrases

- best friend　親友
- decide to 〜　〜することを決める
- used to 〜　〜したものである
- as if ...　あたかも…のように
- old times　昔
- agree to 〜　〜することに同意する
- at least　少なくとも

Passage 34

音声

[CD]　　　　ナチュラル……DISC 1_17
リピーティングポーズ入り……DISC 2_11
[DL]　　　　ナチュラル…………034
リピーティングポーズ入り…………034

An old couple moved to the countryside. It was a little difficult to get used to the new place and build relationships with the local people, but now they are living a comfortable life in the country. The old couple enjoys long walks in the forest. The fresh air and the smell of green leaves bring them a lot of joy. Life in the countryside is very different from life in the city.

訳：ある老夫婦が田舎に引っ越してきました。新しい土地に慣れ、地元の人々との関係を築くのに少し苦労しましたが、今では快適な田舎暮らしを送っています。老夫婦の楽しみは、森のなかを長く散歩すること。新鮮な空気と緑の葉の匂いは、彼らに大きな喜びをもたらしてくれます。田舎での生活は、都会での生活とは全く違います。

Notes

It was a little difficult to get used to the new place and build relationships with the local people, …

> 形式主語の構文。to get used to the new place and build relationships with the local people という真の主語は長すぎるので、代替として it を文頭に置いています。

Words & Phrases

- couple /kʌ́pl/ ［名］ 夫婦
- move to ~ ～に引っ越す
- countryside /kʌ́ntrisɑid/ ［名］ 田舎
- get used to ~ ～に慣れる
- relationship /riléiʃənʃip/ ［名］ 関係
- local /lóukəl/ ［形］ 地元の
- comfortable /kʌ́mfərtəbl/ ［形］ 快適な
- forest /fɔ́:rist/ ［名］ 森
- smell /smél/ ［名］ 匂い
- leaves leaf（［名］葉）の複数形
- joy /dʒɔ́i/ ［名］ 喜び

Passage 35

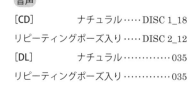

音声

[CD]　　　　ナチュラル……DISC 1_18
リピーティングポーズ入り……DISC 2_12
[DL]　　　　ナチュラル…………035
リピーティングポーズ入り…………035

Jerry's 5th grade teacher announced that this week's Social Studies topic would be "The Calendar." To Jerry, it seemed like a boring topic, since he knew about the calendar. His teacher asked questions like "Why does February sometimes have 29 days?" and "If 'octo-' means eight, why isn't October the eighth month?" Then Jerry realized that there were some interesting things he could still learn about the calendar.

> 訳：5年生のジェリーの先生は、今週の社会科は「カレンダー」がテーマだと発表した。カレンダーのことなら知っているので、ジェリーにはつまらないテーマに思えた。先生は次のような質問をした。「どうして2月はときどき29日あるんだろう？」「もし『オクト（octo-）』が8を意味するなら、なぜオクトーバー（October）は8月ではないのだろう？」。そしてジェリーは、カレンダーについてまだ学ぶことのできる面白いことがあるのだと気づいた。

Notes

To Jerry, it seemed like a boring topic, since he knew about the calendar.

> ここでの since は「〜以来」の意味ではなく、「〜なので」と理由を表すために用いられています。

> ex: He has lived in this town since he was small.
>
> 彼は小さいころからこの町に住んでいる。
>
> Since he was small, he was not allowed to go there alone.
>
> 彼は小さかったので、そこにひとりで行くことを許されなかった。

Words & Phrases

- announce /ənáuns/ ［動］ 発表する
- topic /tápik/ ［名］ 話題、テーマ
- octo- eight（8）を意味する連結形

Passage 36

音声

[CD]　　　　ナチュラル‥‥‥ DISC 1_18

　　　リピーティングポーズ入り‥‥‥ DISC 2_13

[DL]　　　　ナチュラル‥‥‥‥‥‥ 036

　　　リピーティングポーズ入り‥‥‥‥‥ 036

When I was in junior high school, I was afraid of anything difficult. At the time, challenges felt like something to run away from. When I became a high school student, one of my teachers told me that only I had the power to make my life interesting, but I did not understand what that meant. Now I know that accepting challenges and working hard is what makes our lives interesting.

訳：中学生のころ、難しいことは何であれ怖かった。当時、困難な課題は避けるべきもののような気がしていた。高校生になったとき、ある先生から自分の人生を面白くできるのは自分だけだと聞かされたが、それが何を意味するのかわからなかった。今は、困難な課題を引き受け一生懸命努力することが人生を面白くしてくれるのだとわかる。

Notes

At the time, challenges felt like something to run away from.

> something to run away from「（そこから）逃げ出すべき何か」は、to不定詞が直前の名詞や代名詞を修飾する不定詞の形容詞的用法です。

> ex: He wanted something to eat.
> 彼は食べもの（食べるべき何か）が欲しかった。
> The man has no house to live in.
> その男性には住むべき家が無い。

Words & Phrases

- challenge /tʃǽlindʒ/ ［名］ 難題、（能力を試される）課題
- run away from ～　～から逃げる

Passage 37

音声

[CD]　　　　　　ナチュラル‥‥‥DISC 1_19
リピーティングポーズ入り‥‥‥DISC 2_14
[DL]　　　　　　ナチュラル‥‥‥‥‥‥037
リピーティングポーズ入り‥‥‥‥‥‥037

It is often said that the internet has changed the way we learn. How exactly, though? Well, before the internet people had to memorize a lot of information and they had to find information in books. That took time and effort. Now, we can search online for any information we need in a matter of minutes. However, we have to decide if the information is true, or enough.

> **訳：**インターネットは学習の仕方を変えたとよく言われる。でも一体どのように？　確かに、インターネット以前は多くの情報を暗記する必要があり、情報は本で取得しなければならなかった。それは時間と労力を要した。今や、必要とするどんな情報もわずか数分で、ネット上で検索することができる。しかし、その情報が本当か、また十分かどうかは自分で決定しなければならない。

Notes

However, we have to decide if the information is true, or enough.

> この文での if 節は「もし～ならば」という意味の副詞節ではなく、「～かどうか」という意味の名詞節です。
>
> ex: 副詞節の if … I will call you if he comes tomorrow.
> 　　明日彼が来たらあなたに電話します。
>
> 　　名詞節の if … I don't know if he will come tomorrow.
> 　　明日彼が来るかどうか私は知りません。

Words & Phrases

- exactly /igzǽktli/［副］　正確に、厳密に
- though /ðóu/［副］　と言っても、しかし
- search /sə́:rtʃ/［動］　探す、検索する
- in a matter of minutes　わずか数分で

Passage 38

音声

[CD]　　　　　ナチュラル……DISC 1_19
リピーティングポーズ入り……DISC 2_15
[DL]　　　　　ナチュラル…………038
リピーティングポーズ入り…………038

Jeff was born in Germany but his parents were from the UK and were working in Germany at the time. So, although Jeff was British, he learned German and English at the same time. In high school he became fluent in French and now he is studying Chinese at university. Jeff became fascinated with languages and his dream is to work as a translator when he graduates from university.

> 訳：ジェフはドイツで生まれたが、両親はイギリス出身で、当時ドイツで働いていた。なのでジェフはイギリス人であったが、ドイツ語と英語を同時に覚えた。高校でフランス語が流暢になり、今は大学で中国語を勉強している。ジェフは言語に魅了され、大学卒業後は翻訳者として働くことを夢見ている。

Notes

... and his dream is to work as a translator when he graduates from university.

> to 不定詞が文の補語となっています。名詞的用法の to 不定詞は名詞同様、文の主語、目的語、補語になります。

> ex:〈主　語〉 To live in the country is interesting.
> 　　　　　　その国で暮らすことは面白い。

> 〈目的語〉 He wanted to live in the country.
> 　　　　　彼はその国で暮らしたかった。

> 〈補　語〉 Her wish is to live in the country.
> 　　　　　彼女の望みはその国で暮らすことだ。

Words & Phrases

- fluent in ～　～が流暢な
- fascinated with ～　～に魅了されて
- translator /trænsléitər/［名］翻訳者、通訳

Passage 39

音声

[CD] ナチュラル……DISC 1_20
リピーティングポーズ入り……DISC 2_16
[DL] ナチュラル……………039
リピーティングポーズ入り……………039

The calculator we know today has its roots in ancient Egypt, where the abacus, also called a counting frame, was used before 2000 BC. The modern calculator was first made in England in 1963. It was large and used many vacuum tubes to move information. In 1964, the Japanese company Sony created the first calculator using only transistors and no tubes. Today, calculators are small, fast and most importantly, extremely cheap.

> **訳：**今日私たちが知っている計算機は古代エジプトにルーツがあり、そこでは紀元前2000年よりも以前にそろばん（算盤とも呼ばれる）が使われていた。現代の計算機は1963年にイングランドで初めて作られた。それは巨大で、情報を送るために大量の真空管を使用していた。1964年には日本企業のソニーが管を一切使わない、トランジスタだけを使用した計算機を初めて作った。今日、計算機は小型で速く、そして何より極めて安価だ。

Notes

In 1964, the Japanese company Sony created the first calculator using only transistors and no tubes.

現在分詞（using）が前の名詞を修飾しています。関係代名詞を使った the first calculator <u>that</u> used only transistors and no tubes より文が簡潔になります。

ex:〈関係代名詞〉 Do you know the girl who is talking to Mr. Brown?

〈現在分詞〉 Do you know the girl talking to Mr. Brown?

ブラウン氏と話している少女を知っていますか。

Words & Phrases

- calculator /kǽlkjulèitər/［名］計算機
- ancient /éinʃənt/［形］古代の
- abacus /ǽbəkəs/［名］計算機、そろばん
- counting frame　計算盤
- vacuum tube　真空管

Passage 40

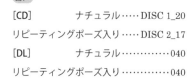

音声

[CD]　　　　　ナチュラル‥‥‥DISC 1_20
リピーティングポーズ入り‥‥‥DISC 2_17
[DL]　　　　　ナチュラル‥‥‥‥‥‥040
リピーティングポーズ入り‥‥‥‥‥‥040

Rice is an amazing crop that feeds a very large portion of the world. It grows on all continents except Antarctica because it can adapt to almost any climate. If it is stored properly, rice can remain edible for 10 to 30 years, which makes it one of the most durable crops on earth. Rice is sticky—so sticky that workers used it to make the Great Wall of China stronger by mixing it in the mortar.

> **訳：**米は世界の大部分を養う素晴らしい作物だ。米はおおよそどんな気候にも適応可能なため、南極を除く全ての大陸で育つ。適切に貯蔵されれば10年から30年は食用可能ということもあり、地上で最も日持ちする作物のひとつである。米には粘り気があり、その粘りはとても強いので職人がモルタルに混ぜ込んで中国の万里の長城をより頑丈にするために使ったほどだ。

Notes

If it is stored properly, rice can remain edible for 10 to 30 years, which makes it one of the most durable crops on earth.

> 関係代名詞の継続用法を使った文です。which は If から years までの前文全体を受けています。which 以下は SVOC の文型で、直訳すれば「そのことが、それ（米）を地上で最も日持ちする作物のひとつとする」です。

Words & Phrases

- crop /krάp/ ［名］ 作物
- feed /fíːd/ ［動］ 食物を与える、養う
- continent /kάntənənt/ ［名］ 大陸
- Antarctica /æntάːrktikə/ ［名］ 南極大陸
- adapt to ~ ~に適応する
- climate /kláimit/ ［名］ 気候
- remain /riméin/ ［動］ ~のままである
- edible /édəbl/ ［形］ 食用可能な
- durable /djúərəbl/ ［形］ 持ちの良い
- sticky /stíki/ ［形］ 粘り気がある
- the Great Wall 万里の長城

Passage 41

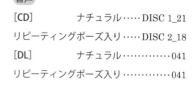

音声

[CD] ナチュラル······DISC 1_21
リピーティングポーズ入り·····DISC 2_18
[DL] ナチュラル············041
リピーティングポーズ入り··········041

Dear Ms. Cromwell,

This is Mike Green from Top Travel. I am writing to inform you that the flight you booked for Tuesday, June 3, has been rescheduled from 3:00 pm to 3:30 pm. Since this is an international flight, please make sure you arrive two hours ahead of time. We recommend you arrive at the airport around 1:30 pm, so you'll have enough time to go through security and passport control.

訳：クロムウェル様

トップトラベル社のマイク・グリーンと申します。ご予約いただきました6月3日火曜日の出発便が午後3時から午後3時30分に変更となりましたので、ご連絡申し上げます。国際便ですので、定刻の2時間前にご到着されますようお願い申し上げます。セキュリティチェックおよび出入国審査を余裕を持って通過いただけるよう、午後1時30分ごろには空港にご到着されるとよろしいかと存じます。

Notes

..., please make sure you arrive two hours ahead of time.

> make sure (that) ... で、「…であることを確認する」「確実に…になるようにする」という意味になります。この文のように that を省略することもできます。

> ex: Make sure that all the windows are closed before you go out.
>
> 出かける前に窓が全部閉まっているのを確認してね。
>
> Make sure everybody will be there before Mom comes home.
>
> ママが帰ってくる前にみんなが揃っているようにしてね。

Words & Phrases

- reschedule /riskédʒul/ ［動］ 計画を変更する
- ahead of time 前もって
- passport control 出入国審査

Passage 42

音声

[CD]　　　　　ナチュラル······DISC 1_21
リピーティングポーズ入り·····DISC 2_19
[DL]　　　　　ナチュラル·············042
リピーティングポーズ入り·············042

If you remove the salt from seawater, it becomes drinkable. This process is called desalination. Many areas around the world suffer from a lack of enough drinking water, so desalination is seen as a very important way to give some 300 million people access to fresh water. The easiest way to desalinate water is to boil it, capture the steam and turn it into fresh water by cooling it.

訳：海水から塩分を取り除けば飲用可能になる。この過程は脱塩と呼ばれる。世界中の多くの地域が飲用水不足に悩んでいるため、脱塩はおよそ3億の人に真水を届けるとても重要な方法と見なされている。脱塩の最も簡単な方法は、沸騰させ、水蒸気を捕集し、冷やして真水に変えることだ。

Notes

…, so desalination is seen as a very important way to give some 300 million people access to fresh water.

> way（方法）の内容を、to 不定詞が説明しています。不定詞の形容詞的用法です。

> ex: They tried to find a way to solve the problem.
> 彼らは問題の解決方法を見つけようとした。

Words & Phrases

- seawater /síwɑ̀tər/［名］　海水
- drinkable /dríŋkəbl/［形］　飲用に適する
- desalination /dìːsæ̀lənéiʃən/［名］　脱塩
- some /səm/［副］　およそ、約
- access /ǽkses/［名］　利用、入手
- fresh water　淡水、真水
- boil /bɔ́il/［動］　沸騰させる
- capture /kǽptʃər/［動］　捕らえる
- turn ~ into …　~を…に変える

Passage 43

音声

[CD]　　　　ナチュラル·····DISC 1_22
リピーティングポーズ入り·····DISC 2_20
[DL]　　　　ナチュラル··············043
リピーティングポーズ入り··············043

When we hear "physical exercise," we think about losing weight, becoming slimmer, fitter and stronger. While training can indeed lead to these outcomes, scientists at Harvard have discovered that working out also helps our brains. Regular exercise decreases stress, improves our mood and helps us sleep better. In addition, it contributes to clear thinking and better memory.

> 訳:「運動」と聞くと、減量したり、痩せたり、健康になったり、強くなったりすることだと私たちは考えている。確かにトレーニングはこうした結果をもたらしえるが、他方でハーバード大学の科学者たちはトレーニングが脳にも効果があることを発見した。定期的に運動すればストレスが軽減し、気分がよくなり、睡眠の質が向上する。加えて、思考が明晰になり記憶力も上がる。

Notes

While training can indeed lead to these outcomes, scientists at Harvard have discovered that working out also helps our brains.

> 接続詞 while は、しばしば「～だけれど、～とは言え」と譲歩の意味で用いられることがあります。

> ex: While she didn't like him, she tried to be nice to him.　彼女は彼のことを好きではなかったけれど、彼に親切にしようと努めた。

Words & Phrases

- physical exercise　身体の運動
- slimmer　slim（[形] ほっそりしている）の比較級
- fitter　fit（[形] 健康な）の比較級
- lead to ～　～につながる、～の原因となる
- work out　運動をする
- decrease /dikríːs/ [動]　減少させる
- improve /imprúːv/ [動]　改善する
- mood /múːd/ [名]　気分
- contribute to ～　～に寄与する

Passage 44

音声

[CD]　　　　ナチュラル……DISC 1_22
　　　リピーティングポーズ入り……DISC 2_21
[DL]　　　　ナチュラル…………044
　　　リピーティングポーズ入り…………044

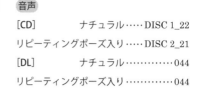

I've always found it fascinating how people's preferences change over time. For instance, when I was a kid, I hated coffee. I not only hated the taste of coffee; I couldn't even stand the smell. I'm 32 now, and I love coffee. My morning always starts with a cup of freshly brewed coffee and the smell of coffee feels cozy and relaxing.

> 訳：人の好みが時の経過に伴ってどのように変わるのかは面白いものだといつも思ってきた。例えば私は、子どものころはコーヒーが嫌いだった。コーヒーの味が嫌いなだけでなく、その香りにすら耐えられなかった。今私は32歳で、コーヒーが大好きだ。私の朝はいつも1杯のいれたてのコーヒーとともに始まり、コーヒーの香りはくつろぎと安らぎをもたらしてくれる。

Notes

I've always found it fascinating how people's preferences change over time.

> SVOC の文型の文です。find が「思う、感じる」といった意味で使われています。O になるのは名詞や代名詞の場合が多いですが、この文では形式主語 it が O で、how people's preferences change over time の代替となっています。
>
> ex: I found the movie interesting.
>
> 私はその映画を面白いと思った。
>
> She found it strange that he knew nothing about it.
>
> 彼がそれについて何も知らないのは変だと彼女は思った。

Words & Phrases

- preference /préfərəns/［名］ 好み
- over time 時が経つにつれて
- brew /brúː/［動］（茶、コーヒーなどを）いれる
- cozy /kóuzi/［形］ 居心地の良い、くつろいだ

Passage 45

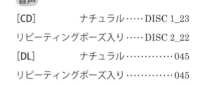

音声

[CD]　　　　ナチュラル……DISC 1_23
リピーティングポーズ入り……DISC 2_22
[DL]　　　　ナチュラル…………045
リピーティングポーズ入り…………045

The President of the United States is considered one of the most powerful people on earth. Despite this, the President lives a very restricted life. Presidents are not allowed to go out by themselves. They are always watched and protected, and their days are strictly scheduled. Becoming the President may sound like an amazing achievement, but it must be hard to feel powerful if you have no freedom.

> **訳：**アメリカ合衆国大統領は世界で最も影響力のある人物のひとりとされている。にもかかわらず、大統領は非常に制約のある生活を送っている。大統領はひとりで外出してはならない。常に監視と護衛がつき、終日の予定が厳密に組まれている。大統領になることは素晴らしい偉業のように思われるかもしれないが、自由がないのなら権力があるような気はしない（権力があるように感じることは難しい）に違いない。

Notes

Despite this, the President lives a very restricted life.

　　　「にもかかわらず」という意味の despite の後に文を持ってくる間違いがよく見られます。despite は前置詞なので、後にくるのは名詞や動名詞です。文を置くときは though やalthough などの接続詞を用います。

　　ex: Despite his hard work, he could not earn much money.

　　　重労働にもかかわらず、彼は大した金を稼げなかった。

　　　Although[Though] he worked hard, he could not earn much money.

　　　懸命に働いたけれども、彼は大した金を稼げなかった。

Words & Phrases

- consider /kənsídər/［動］　見なす、～と考える
- despite /dispáit/［前］　～にもかかわらず
- restrict /ristríkt/［動］　制約する
- watch /wátʃ/［動］　監視する
- protect /prətékt/［動］　守る
- strictly /stríktli/［副］　厳密に
- achievement /ətʃíːvmənt/［名］　偉業

Passage 46

音声

[CD]　　　　ナチュラル……DISC 1_23

リピーティングポーズ入り……DISC 2_23

[DL]　　　　ナチュラル…………046

リピーティングポーズ入り…………046

Normally we drink water only if we are thirsty. Modern science, however, warns us that we should drink more water, more regularly. When we are studying or working, drinking enough water improves our concentration, mood and even memory. It is also beneficial for our skin and muscles. Finally, water has an important role in helping us digest the food we eat.

> **訳：**通常、我々は喉が渇いているときにのみ水を飲む。しかし、現代科学によれば、より多くの水をもっと定期的に飲んだほうがいい。勉強しているときや働いているとき、十分に水を飲むことによって集中力や気分、記憶さえもが改善する。また肌や筋肉にも有益である。最後に、水は食べたものの消化を促す重要な役割も果たしている。

Notes

Normally we drink water only if we are thirsty.

> only if ... で、「…の場合に限り」という意味になります。
>
> ex: You can get a discount only if you pay in cash.
>
> 　　現金払いの場合のみ、割引があります。
>
> よく似た形の if only ... は、「ただ…でさえあればなあ」という願望を表す仮定法の文で使われます。
>
> ex: If only he were here now.
>
> 　　彼が今ここにいさえすればなあ。
>
> 　　If only I had not said such a thing.
>
> 　　あんなことを言いさえしなければなあ。

Words & Phrases

- warn /wɔ́ːrn/［動］　警告する
- improve /imprúːv/［動］　改善する
- concentration /kὰnsəntréiʃən/［名］　集中
- mood /múːd/［名］　気分
- beneficial /bènəfíʃəl/［形］　有益な
- digest /daidʒést/［動］　消化する

Passage 47

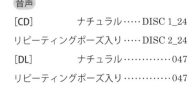

音声
[CD]　　　　　ナチュラル……DISC 1_24
リピーティングポーズ入り……DISC 2_24
[DL]　　　　　ナチュラル…………047
リピーティングポーズ入り…………047

Meteorology is the science that helps us forecast the weather. It has existed in one form or another since ancient times. Modern weather forecasting, though, started in the early 1900s, as meteorologists were able to start using more advanced equipment. Today, weather forecasts have become extremely accurate, because they are based on complex mathematical models of prediction run on powerful computers.

訳：気象学は天候の予測に役立つ科学である。古代から何らかの形で
存在してきた。しかし現代の天気予報は、気象学者がより高度な装置
を使えるようになった1900年代初頭に始まった。今日では天気予報
は極めて正確になっている。というのも、強力なコンピューター上で
解析される複雑な数理予測モデルに基づいているためだ。

Notes

Modern weather forecasting, though, started in the early
1900s, as meteorologists were able to start using more
advanced equipment.

> though が「でも、しかし」という意味の副詞として使われ
> ています。though は副詞として使われる場合、but のように
> 文頭ではなく、文中や文尾に置かれます。

> ex: The movie was long. We enjoyed it, though.
> その映画は長かった。でも面白かった（我々は楽しんだ）。

Words & Phrases

- meteorology /mìːtiərálədʒi/［名］ 気象学
- forecast /fɔ́rkæst/［動］ 予測する
- in one form or another 何らかの形で
- ancient times 古代
- advanced /ədvǽnst/［形］ 高度な
- equipment /ikwípmənt/［名］ 装置
- accurate /ǽkjurət/［形］ 正確な
- complex /kəmpléks/［形］ 複雑な
- mathematical model 数理モデル
- prediction /pridíkʃən/［名］ 予測

Passage 48

音声

[CD]　　　　　ナチュラル……DISC 1_24
リピーティングポーズ入り……DISC 2_25
[DL]　　　　　ナチュラル……………048
リピーティングポーズ入り……………048

Jun enjoys imagining things—he has a vivid imagination. He has loved writing stories since he was a child, and at the age of 30 his first book of short stories was published, after he won an award for a novel he wrote. His second book sold very well. Now he is wondering if he should quit his job and follow his passion for writing as a full-time author.

訳：ジュンは想像することが好きで、想像力が豊かです。子どものこ
ろから物語を書くのが大好きで、30歳のときには、長編小説で賞を
取り最初の短編集も出版されました。2冊目の本はとてもよく売れま
した。今彼は、仕事を辞めて専業作家として執筆への情熱を貫くべき
かどうか思案しています。

Notes

..., and at the age of 30 his first book of short stories was
published, ...

> at the age of ～ は「～歳のときに」という熟語ですが、
> when 節を使って次のように言い換えることもできます。
>
> ..., and when he was 30, his first book of short
> stories was published, ...

Words & Phrases

- imagine /imǽdʒin/ ［動］ 想像する
- vivid /vívid/ ［形］ 鮮明な
- imagination /imæ̀dʒənéiʃən/ ［名］ 想像力
- short story 短編小説
- publish /pʌ́bliʃ/ ［動］ 出版する
- win /wín/ ［動］ 勝ち取る、獲得する
- award /əwɔ́:rd/ ［名］ 賞
- novel /nάvəl/ ［名］ （長編）小説
- quit /kwít/ ［動］ 辞める
- follow /fάlou/ ［動］ 従う
- passion /pǽʃən/ ［名］ 情熱

Passage 49

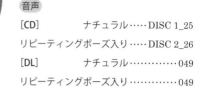

音声

[CD] ナチュラル……DISC 1_25
リピーティングポーズ入り……DISC 2_26
[DL] ナチュラル……………049
リピーティングポーズ入り…………049

Hey, Dana, when you hear this message, can you call me back, please? I tried calling you seven times today, and there was no answer. I also sent you several text messages, but again, no reply. Maybe you're just busy, but please understand, I'm worried about you. If you don't answer, I'll come to your apartment tomorrow morning to check on you!

> **訳：** やあ、ダナ、このメッセージを聞いたら折り返し電話をくれるかい？　今日７回も電話をかけてみたが、返事がなかった。メールも何通か送ったがやはり返事がなかった。もしかしたら忙しいだけかもしれないけど、どうかわかってほしい、君のことが心配なんだ。もし返事がなければ、明朝確認のために君のアパートに行くよ。

Notes

I tried calling you seven times today, ...

「今日、君に７回電話をしてみた」という意味で、実際に電話をしたということです。このように、〈try ＋動名詞〉は「（実際に）～してみる」という意味になります。

一方、〈try ＋ to 不定詞〉は「～しようとする、～しようと努める」という意味で、実際にその行為ができたかどうかはわかりません。

ex: She tried opening the box.

彼女は箱を開けてみた。→ 実際に箱は開いた。

She tried to open the box.

彼女は箱を開けようとした。→ 箱が開いたかどうかは不明。

Words & Phrases

- call back　折り返し電話する
- text message　携帯電話等でやり取りされる文字通信、メール
- check on ～　～の無事を確かめる

Passage 50

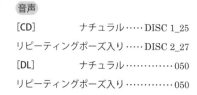

音声
[CD]　　　　ナチュラル……DISC 1_25
　　　リピーティングポーズ入り……DISC 2_27
[DL]　　　　ナチュラル…………050
　　　リピーティングポーズ入り…………050

John's love of cooking came from his mother, who loves to cook. He attended the culinary academy in his town and was able to open his own restaurant at the age of 25. Owning a restaurant is not only about making good food; it also involves a lot of hardships. But he worked hard and his restaurant prospered. John is more than happy when his customers enjoy his food.

訳：ジョンは、料理が大好きな母譲りの料理好きです。彼は地元の料理学校に通い、25 歳で自分のレストランを開くことができました。レストランの経営は、美味しい料理を作ることだけではなく、様々な苦労も伴います。しかし彼は懸命に働き、彼のレストランは繁盛しました。お客さんが自分の料理を楽しんでくれると、ジョンは非常に嬉しくなります。

Notes

John's love of cooking came from his mother, who loves to cook.

love of ～は「～が好きなこと、～の愛好」という意味になります。

ex: Her love of music started at a young age.
彼女の音楽好きは幼いころに始まった。

This way we can inspire a love of learning in children.
このようにして、子どもの向学心を引き出すことができます。

Words & Phrases

- attend /əténd/［動］通う
- culinary academy 料理学校
- own /óun/［動］所有する
- involve /inválv/［動］（必然的に）伴う
- hardship /háːrdʃip/［名］苦難
- prosper /práspər/［動］繁盛する
- more than happy 非常に嬉しい
- customer /kʌ́stəmər/［名］客

Passage 51

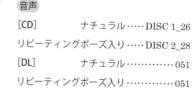

音声

[CD] ナチュラル……DISC 1_26
リピーティングポーズ入り……DISC 2_28
[DL] ナチュラル…………051
リピーティングポーズ入り…………051

The aborigines have inhabited Australia for more than 50,000 years. They had lived there for millennia, long before Australia was even on the map of the European settlers. Presently, however, aborigines comprise only 3.3% of the population of Australia. Their population has steadily decreased because they have been treated unfairly and have suffered from poverty for a very long time.

> **訳:** アボリジニはオーストラリアに 5 万年以上も居住してきた。ヨーロッパからの入植者の地図上にオーストラリアが載るよりもはるか昔から、何千年にもわたりそこに住んできた。しかしながら現在、アボリジニはオーストラリアの人口のわずか 3.3% を占めるにすぎない。非常に長い間不当に扱われ貧困に苦しんできたために人口は減少の一途をたどってきた。

Notes

The aborigines have inhabited Australia for more than 50,000 years.

> inhabit は「～に住む、～に存在する」という意味ですが、他動詞なので場所を表す語句を直接目的語に取ります。受動態でもよく用いられます。

> ex: Many kinds of animals inhabit the forest.
> = The forest is inhabited by many kinds of animals.
> その森には多種の動物が棲んでいる。

Words & Phrases

- inhabit /inhǽbit/ [動] 住む、棲む
- millennia millennium（[名] 千年）の複数形、数千年
- settler /sétlər/ [名] 入植者
- presently /prézntli/ [副] 現在
- comprise /kəmpráiz/ [動] 構成する
- suffer from ～ ～に苦しむ
- poverty /pávərti/ [名] 貧困

Passage 52

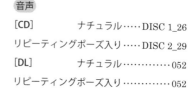

音声

[CD]　　　　　ナチュラル……DISC 1_26
リピーティングポーズ入り……DISC 2_29
[DL]　　　　　ナチュラル…………052
リピーティングポーズ入り…………052

Earrings are a type of accessory used to decorate the ear. We often think of earrings as a fashion item that we wear on our earlobes, but there are some cultures where earrings have a religious or social meaning. In India and Sri Lanka, for example, women pierce their noses to attach jewelry during traditional weddings, and to show that they are married.

訳：イヤリングは耳の装飾に使うアクセサリーの一種である。耳たぶに装着するファッションアイテムとしてとらえがちだが、イヤリングが宗教的もしくは社会的意義を持つ文化も存在する。例えば、インドやスリランカでは、女性は伝統的な婚礼の際、鼻に穴を開けて宝飾品を装着し、既婚者であることを示す。

Notes

..., but there are some cultures where earrings have a religious or social meaning.

> earring を主語にして書き換えた場合、some cultures の前に前置詞が必要です。

> Earrings have a religious or social meaning in some cultures.

> cultures をいわば抽象的な場所と扱っています。このようなケースでは、the room where he studies（彼が勉強する部屋）などと同じように、関係副詞 where が使われます。

> ex: That was a situation where they had to make a decision immediately.
>
> それは彼らがただちに決断しなければならない状況だった。

Words & Phrases

- decorate /dékərèit/ ［動］ 飾る
- earlobe /íərlòub/ ［名］ 耳たぶ
- religious /rilídʒəs/ ［形］ 宗教的な
- pierce /píərs/ ［動］ 穴を開ける
- attach /ətǽtʃ/ ［動］ 取りつける
- traditional /trədíʃənl/ ［形］ 伝統的な

Passage 53

音声

[CD] ナチュラル……DISC 1_27
リピーティングポーズ入り……DISC 2_30
[DL] ナチュラル……………053
リピーティングポーズ入り……………053

Japan is one of the most amazing tourist destinations in the world. It offers a diversity of local culture, nature and food. Seafood is especially rich in variety, as Japan is surrounded by the sea. Japan stretches 3,000 km from north to south. This makes it possible to snorkel and sunbathe in Okinawa in the morning, then fly to Hokkaido and go skiing, all within the same day.

> 訳：日本は世界で最も驚きの旅先のひとつだ。日本には多様な地域文化、自然、食べものがある。日本は海に囲まれているので、海産物はとりわけ種類が豊富だ。日本は北から南まで 3000 キロメートルにも及ぶ。このため、朝沖縄でスノーケリングと日光浴をしてから、北海道に飛んでスキーに行くなんてことが同じ日のうちにできてしまう。

Notes

Seafood is especially rich in variety, as Japan is surrounded by the sea.

接続詞 as が「～なので」と理由を表すために用いられています。

接続詞 as は、理由以外にも「時（～しているとき、～したとたん、～しながら）」「様態（～のように）」「比例（～するにつれて）」など様々な意味を表します。

ex: His brother came up to him as he was doing his homework.

彼が宿題をしているとき彼の弟がやってきた。

Do as your father said.

お父さんが言った通りにしなさい。

As he grew up, he became very tall.

成長するにつれて彼は非常に背が高くなった。

Words & Phrases

- destination /dèstənéiʃən/［名］ 目的地、行先
- diversity /divə́:rsəti/［名］ 多様性
- variety /vəráiəti/［名］ 変化（に富むこと）、種類
- surround /səráund/［動］ 取り囲む
- stretch /strétʃ/［動］ 伸びる、及ぶ
- sunbathe /sʌ́nbèið/［動］ 日光浴をする

Passage 54

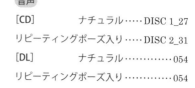

音声

[CD]　　　　　　ナチュラル……DISC 1_27
リピーティングポーズ入り……DISC 2_31
[DL]　　　　　　ナチュラル…………054
リピーティングポーズ入り…………054

The pen may seem like a simple tool, but it has a long and complicated history. The first recorded pens, used in ancient Egypt, gradually evolved into dip pens and fountain pens. What we use today is called a "ballpoint pen." It was first created by John Loud in 1888. Rollerball pens, introduced in the 1970s, use a roller to create a smooth line on the paper.

訳：ペンは簡素な道具のように思えるかもしれないが、長く複雑な歴史がある。記録に残る最初のペンは、古代エジプトで使用され、次第につけペンそして万年筆へと発展していった。今日我々が使用しているのは「ボールペン」と呼ばれる。1888 年にジョン・ラウドによって初めて作られた。1970 年代に導入された水性ボールペンは紙に滑らかな線を描くためにローラーを使用している。

Notes

Rollerball pens, introduced in the 1970s, use a roller to create a smooth line on the paper.

　　不定詞の副詞的用法（〜するために）を用いた文。

　　不定詞の副詞的用法では、他に、「結果」「(感情などの) 原因」「判断の基準」を表現します。

　［結果］　The boy grew up to be a scholar.

　　少年は成長して学者になった。

　［(感情などの) 原因］　She was happy to hear the news.

　　彼女はその知らせを聞いて嬉しかった。

　［判断の基準］　He must be rich to live in such a big house.

　　あんなに大きな家に住んでいるなんて彼は金持ちに違いない。

Words & Phrases

- tool /túːl/［名］道具
- complicated /kámpləkèitid/［形］複雑な
- evolve into ~　発達して~になる
- dip pen　つけペン
- fountain pen　万年筆
- rollerball pen　ローラーボールペン、水性ボールペン
- introduce /intrədjúːs/［動］導入する

Passage 55

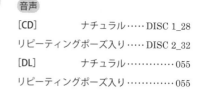

音声

[CD]　　　　　　ナチュラル……DISC 1_28
リピーティングポーズ入り……DISC 2_32
[DL]　　　　　　ナチュラル…………055
リピーティングポーズ入り…………055

The euro, introduced in 2002, is the dominant currency in the EU, with 19 of its member countries now using it. That means about 343 million people are saving and spending euros, making it the world's number two currency after the US dollar. As the EU has 27 member countries, it is expected that more countries will start using the euro and it will become the most-used currency worldwide.

> **訳**：2002年に導入されたユーロは、EU加盟国のうちの19か国が現在採用している、UE圏内での支配的通貨である。これが意味するのは、約3億4300万人がユーロを貯蓄や支出に使用し、米ドルに次ぐ世界第2位の通貨になっているということだ。EU加盟国は27か国あるので、今後さらに多くの国がユーロを使用し始めることが予想され、やがては世界で最も利用者の多い通貨となりそうだ。

Notes

The euro, introduced in 2002, is the dominant currency in the EU, with 19 of its member countries now using it.

文を引き締めるために、付帯状況の with が使われています。あることがどんな状況で起こったかを説明し、〈with＋名詞＋状況を表す語句（＝形容詞、分詞等）〉のパターンを用います。

ex: You should not talk with your mouth full.

口をいっぱいにして喋るべきではない。

The girl was running with her hair streaming in the wind.

その少女は髪を風になびかせて走っていた。

The man sat with his arms folded.

その男性は腕を組んで座った。

Words & Phrases

- dominant /dάmənənt/［形］ 支配的な
- currency /kə́:rənsi/［名］ 通貨
- member country 加盟国
- save /séiv/［動］ （金やものを）蓄える

Passage 56

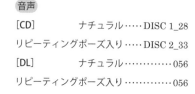

音声

[CD]　　　　　ナチュラル……DISC 1_28
リピーティングポーズ入り……DISC 2_33
[DL]　　　　　ナチュラル…………056
リピーティングポーズ入り……………056

Many people try to write novels, but they give up because it's so hard. Or they get discouraged because they realize their work is poorly written, compared to their favorite authors. There is a web-based non-profit organization they can join. Every November, members focus on completing the first draft of a novel within the month, or at least 50,000 words. Professional novelists provide support. Many writers have found success this way.

> **訳：**多くの人が小説を書こうと試みるが、難しすぎるために諦めてしまう。もしくは、自分の作品が好きな作家と比べるとひどいことに気づいてがっかりしてしまう。オンライン上で会員になれる非営利団体がある。毎年11月、会員は1か月以内に小説の第一草稿か、少なくとも5万字を仕上げることに取り組む。プロの小説家が支援の手を差し伸べる。この方法で上手くいった書き手は多い。

Notes

... because they realize their work is poorly written, compared to their favorite authors.

> compared to ～「～と比べると」は分詞構文を使った決まり文句です。他にも、色々な分詞構文を使った決まり文句があります。
>
> ex: generally [strictly, roughly] speaking（一般的［厳密、大まか］に言うと）、considering ～（～を考えると）、talking of ～（～について言うと）、all things considered（全てを考慮すると）

Words & Phrases

- non-profit organization　非営利団体、NPO
- focus on ～　～に集中する、～に取り組む
- complete /kəmplíːt/［動］　完成させる
- find success　上手くいく
- this way　このようにして、この方法で

Passage 57

音声

[CD]　　　　　ナチュラル……DISC 1_29
リピーティングポーズ入り……DISC 2_34
[DL]　　　　　ナチュラル…………057
リピーティングポーズ入り…………057

If you can't decide whether to try snowboarding or skiing, there are some points I'd like to explain. We often say that skiing is easier to learn, but harder to master. It's the opposite for snowboarding. So, for the beginner snowboarder, you will fall a lot at first, but after a few days, you will figure it out. The beginner skier will probably fall less often, but progress might be slower.

> **訳：**スノーボードをやってみるか、それともスキーにするか決めかね
> ているなら、いくつか話しておきたいことがある。しばしば、スキー
> のほうが覚えるのは簡単だが習熟は困難だという。スノーボードはそ
> の逆だ。だから、スノーボード初心者にとっては、最初はたくさん転
> ぶだろうが、数日も経てば滑り方がわかってくる。スキー初心者はお
> そらくそんなには転ばないだろうが、上達はゆっくりだろう。

Notes

If you can't decide whether to try snowboarding or skiing, there are some points I'd like to explain.

> If you can't decide whether you should try snowboarding or skiing, ... と関節疑問文で言うこともできますが、疑問詞＋ to 不定詞を使うと文が引き締まります。

ex: I didn't know what to do.

> 私は何をすればいいのかわからなかった。

Do you know how to use it?

> それの使い方がわかりますか。

Tell me which car to buy.

> どちらの車を買ったらいいのか教えてください。

Words & Phrases

- explain /ikspléin/ ［動］ 説明する
- opposite /ápəzit/ ［名］ 反対のこと、反対のもの
- figure out　わかる
- progress /prágres/ ［名］ 上達

Passage 58

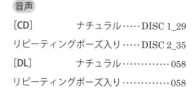

音声

[CD]　　　　　ナチュラル……DISC 1_29
リピーティングポーズ入り……DISC 2_35
[DL]　　　　　ナチュラル……………058
リピーティングポーズ入り……………058

Henry bought a large house when he was just 26 years old and still single. He wanted to get married at some point and he felt it would be wise to already own a home before getting married and starting a family. For extra income and companionship, he rented out three of the bedrooms to other single men. Thirty years later, he was still single, but he had to admit that the single life was often fun, too.

訳：ヘンリーはわずか26歳でまだ独身のうちに大きな家を買った。結婚願望はあったし、結婚して子どもをもうけるよりも前に、すでに持ち家があったほうがよいだろうとも感じたのだ。副収入になり話し相手もできるからと、3部屋を他の独身男性たちに貸し出した。彼は30年経った後もやはり独身のままだったが、独身生活もまた悪くないものだなと認めざるを得なかった。

Notes

... and he felt it would be wise to already own a home before getting married and starting a family.

> felt 以下は that 節ですが、that は省略されています。felt という過去形に呼応し、過去の時点から見た未来のことを言っているので、will が would になっています（時制の一致）。

Words & Phrases

- own /óun/［動］ 所有する
- start a family 子どもをもうける
- companionship /kəmpǽnjənʃip/［名］ 交友、交わり
- admit /ædmít/［動］ 認める
- fun /fʌ́n/［名］ 楽しいこと

Passage 59

音声

[CD]　　　　　ナチュラル……DISC 1_30
リピーティングポーズ入り……DISC 2_36
[DL]　　　　　ナチュラル…………059
リピーティングポーズ入り…………059

Mark was eight and loved to read books. He had a favorite writer and borrowed many of his books from his teacher's classroom library. He loved the characters and stories. One day he wrote a letter to the author and invited him to visit his classroom and talk about his work. He didn't expect a reply, but two months later, the author spent two hours with Mark's class.

> **訳：**マークは8歳で、本を読むことが大好きだった。彼はお気に入り
> の作家がいて、その作家の多くの本を、先生がクラスのために用意し
> てくれた本棚から借りた。彼は登場人物や物語をとても気に入ってい
> た。ある日その作家に手紙を書き、自分のクラスに来て彼の仕事につ
> いて話してくれるよう依頼してみた。返事が来ることは期待していな
> かったが、2か月後、その作家がクラスで2時間も授業してくれた。

Notes

One day he wrote a letter to the author and invited him
to visit his classroom and talk about his work.

> invite 誰 to ～ は「誰に～するように誘う、依頼する」とな
> ります。この SVO ＋ to 不定詞の文型で使われる動詞は非常
> に多いです。
>
> ex: She asked him to come home early.
> 彼女は彼に早く帰宅するように頼んだ。
>
> I didn't expect them to be late.
> 私は彼らが遅れることを予期していなかった。

Words & Phrases

- classroom library　学級文庫
- invite（人）to ～　人に～することを誘う、乞う、依頼する

Passage 60

音声

[CD]　　　　ナチュラル⋯⋯DISC 1_30
リピーティングポーズ入り⋯⋯DISC 2_37
[DL]　　　　ナチュラル⋯⋯⋯⋯⋯060
リピーティングポーズ入り⋯⋯⋯⋯⋯060

Greenland sharks are one of the largest species of shark, reaching lengths of 4 – 7 m. They live in the frigid North Atlantic and Arctic Oceans, so they don't attack humans. The most amazing thing about them is their lifespan: between 300 and 500 years— one of the longest of all known animals. Since they prefer deep, cold water, it isn't easy for people to track their age. They are also one of the slowest swimmers in the ocean.

訳：ニシオンデンザメはサメのなかで最も大きい種のひとつで、体長は4～7メートルに達する。寒冷な北大西洋と北極海に生息しているため人間を襲うことはない。最も驚くべき点はその寿命だ。それは300年から500年で、すでにわかっている動物のなかでは最長寿の部類だ。深くて冷たい海を好むため、寿命を測定することは容易ではない。また、海に棲むなかで泳ぐのが最も遅い種のひとつでもある。

Notes

The most amazing thing about them is their lifespan: between 300 and 500 years—one of the longest of all known animals.

「～のうちで一番…だ」という最上級を使った表現で、「～」が複数の構成要素である場合は of、「～」が単体の容器のように考えられる場合は in を用います。

ex: He is the tallest of all the boys.

彼はその少年たちのうちで一番背が高い（boys は複数の構成要素）。

He is the tallest student in his class.

彼はクラスのうちで一番背が高い生徒だ（class は抽象的な単数の容器）。

Words & Phrases

● length /léŋθ/［名］ 長さ、体長
● frigid /frídʒid/［形］ 寒さが厳しい、極寒の
● attack /ətǽk/［動］ 襲う
● track /trǽk/［動］ 突き止める

Passage 61

音声

[CD]　　　ナチュラル……DISC 1_31

　　　　リピーティングポーズ入り……DISC 2_38

[DL]　　　ナチュラル…………061

　　　　リピーティングポーズ入り…………061

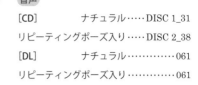

Dancing comes naturally to babies. From three months of age, long before they can speak or even stand up, they can dance. Scientists are not sure why. The evidence is clear, however, that babies respond more to rhythmic music than to speech. In one study, they smiled more if they were able to time their movements to the rhythm of the music.

訳：踊ることは赤ちゃんにはお手のものだ。喋ったり立ったりするよりもずっと前の生後3か月から踊ることができる。科学者の間でも原因はわからない。しかし、事実がはっきりと示すのは、赤ちゃんはスピーチよりもリズミカルな音楽により反応を示すということだ。ある研究によれば、音楽のリズムに合わせてテンポよく動けると、赤ちゃんはより笑うことがわかった。

Notes

Dancing comes naturally to babies.

> come naturally は「（特別の努力など無しでも）自然に来る」ということですが、そこから、「容易である、お手のものである」という意味になります。このように、初心者でも知っている基本動詞で様々なことが表現できます。come を使った例をもう少し示します。

> ex: For me, my family comes before anything else.
> 私にとっては家族が何より大事です。

> This jacket comes in all sizes.
> このジャケットは全サイズあります。

> His success came as a surprise to everyone.
> 彼の成功に皆驚いた。

Words & Phrases

- rhythmic /ríðmik/［形］ リズミカルな
- time A to B　A の拍子を B に合わせる

Passage 62

音声

[CD]　　　　　ナチュラル……DISC 1_31
リピーティングポーズ入り……DISC 2_39
[DL]　　　　　ナチュラル……………062
リピーティングポーズ入り……………062

Have you ever had the sudden feeling that the moment you are experiencing now is something you have already experienced before? In every detail, it feels the same as before. This experience is called déjà vu, from French, meaning "already seen." Researchers say that people who are feeling stress, people who watch movies and travel a lot are more likely to have such experiences. Young and old people tend not to experience déjà vu.

訳：今経験しつつある瞬間を以前にも経験したことがある、とふと感じたことはないだろうか。細部にいたるまで、まるで前回と同じように感じられる。この体験は、「すでに見た」を意味するフランス語に由来し、デジャヴと呼ばれる。研究者によれば、ストレスを感じていたり、映画をたくさん観たり、旅することが多い人はよりそのような経験をしやすいそうだ。若者と老人はあまりデジャヴを体験しない傾向にある。

Notes

Young and old people tend not to experience déjà vu.

> tend to 〜（〜する傾向がある）が否定形で「〜しない傾向がある」という意味で使われています。
>
> このように to 不定詞を否定形にするには、to の前に not などの否定辞を置きます。

> ex: He decided not to see them.
>
> 彼は彼らに会うまいと決めた。
>
> I want you never to do it again.
>
> 私はあなたが二度とそんなことをしないことを望む。

Words & Phrases

- experience /ekspíriəns/［動］ 経験する
- detail /díːteil/［名］ 細部
- tend to 〜　〜する傾向がある

Passage 63

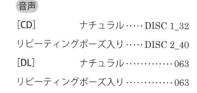

音声

[CD]　　　　ナチュラル……DISC 1_32
リピーティングポーズ入り……DISC 2_40
[DL]　　　　ナチュラル…………063
リピーティングポーズ入り…………063

Lake Maracaibo, in the northwestern corner of Venezuela, gets more lightning strikes than anywhere else on earth. The conditions are perfect. At night, cool air passes over the mountains surrounding the lake on the west, south and east. When it meets the warm, wet air coming in from the Caribbean Sea to the north, storm clouds are created. Storm season is between April and November. During the peak, we can see 200 flashes of lightning per minute.

訳：ベネズエラの北西端にあるマラカイボ湖は地球上で最も落雷が多い場所だ。完璧な条件が揃っている。夜中、冷たい空気が湖を囲う西方、南方、東方にある山の上を通り抜けていく。北にあるカリブ海からやってくる暖かく湿った空気とぶつかり、嵐雲が発達する。嵐の季節は 4 月から 11 月までだ。ピーク時には 1 分間に 200 もの雷光が見られる。

Notes

Lake Maracaibo, in the northwestern corner of Venezuela, gets more lightning strikes than anywhere else on earth.

> Lake Maracaibo, in the northwestern corner of Venezuela が文の主語となっています。落雷があるというのを get で表現しています。直訳すれば、「マラカイボ湖は地球上で最も落雷を得る」ですね。

Words & Phrases

- lightning strike　落雷
- storm cloud　嵐雲
- a flash of lightning　雷光

Passage 64

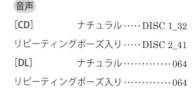

音声
[CD] ナチュラル……DISC 1_32
リピーティングポーズ入り……DISC 2_41
[DL] ナチュラル…………064
リピーティングポーズ入り…………064

Alan didn't enjoy art class very much because he couldn't draw very well. He wanted to develop his skills, so his art teacher lent him a book written for students just like Alan. It had lots of advice about how to hold a pencil and how to make strokes. Alan worked hard. At first, there was no improvement, but he kept practicing, and his teacher started to notice a growing improvement.

> **訳：**アランは絵を描くのが下手で美術の授業が苦手だった。絵を描くのが上手くなりたかったので、美術の先生がアランのような生徒向けに書かれた本を貸してくれた。本には鉛筆の持ち方や動かし方についてたくさんのコツが書かれていた。アランは一生懸命努力した。最初は全然上達しなかったが、練習し続けると、進歩が先生の目に留まるようになった。

Notes

…, but he kept practicing, and his teacher started to notice a growing improvement.

〈keep ＋〜ing〉は「〜し続ける」です。「…に〜させ続ける」は、〈keep ＋ … ＋ 〜ing〉となります。

ex. She kept waiting.

彼女は待ち続けた。

She kept him waiting.

彼女は彼を待たせたままにした。

Words & Phrases

● develop /divéləp/［動］ 発達させる、伸ばす
● stroke /stróuk/［名］ 筆使い
● improvement /imprú:vmənt/［名］ 改善、向上
● keep 〜ing 〜し続ける
● practice /præktis/［動］ 練習する
● notice /nóutis/［動］ 気づく

165

Passage 65

音声
[CD]　　　　　　ナチュラル……DISC 1_33
リピーティングポーズ入り……DISC 2_42
[DL]　　　　　　ナチュラル…………065
リピーティングポーズ入り…………065

Ethiopian food is not well-known, but it really is one of the most wonderful hidden secrets of world cooking. Like Indian food, Ethiopian meals include a variety of spicy lentils and stews of meat or vegetables. Everything that you order comes on a huge, slightly sour, pancake-like bread called *injera*. No forks or spoons! Break off a piece of *injera* with your hand and use it to pick up your delicious food.

訳：エチオピア料理はあまり知られていないが、実は世界各国の料理における隠れた至宝のひとつだ。インド料理のように、香辛料のきいた豆料理や、肉や野菜の煮込み料理の数々がある。注文した全ての品がインジェラと呼ばれる、少し酸味のある巨大なパンケーキ状のパンの上に乗って出てくる。フォークもスプーンも無しだ！　インジェラを手でちぎって、美味しい料理をインジェラでつまんで食べるのだ。

Notes

Everything that you order comes on a huge, slightly sour, pancake-like bread called *injera*.

先行詞が all、every、no、only、最上級など限定性の強い語を含むとき、使用する関係代名詞は that が好まれます。

ex: He remembers everything that he saw there.
彼はそこで見たことを全て覚えている。

All that glitters is not gold.
輝くものが全て金とは限らない。[ことわざ]

That is the best restaurant that I know.
あれは私が知る最良のレストランだ。

Words & Phrases

- Ethiopian /ìːθióupiən/［形］　エチオピアの
- hidden　hide（［動］隠す）の過去分詞、隠れた、隠された
- lentil /léntil/［名］　ヒラマメ、レンズ豆
- break off　ちぎる

Passage 66

音声

[CD]　　　　　ナチュラル……DISC 1_33
　　リピーティングポーズ入り……DISC 2_43
[DL]　　　　　ナチュラル……………066
　　リピーティングポーズ入り……………066

Lisa loved cutting and styling dog fur, so she opened her own pet grooming shop. In the shop's third week, a customer left his dog for grooming, but didn't come back that day. Lisa had the customer's phone number but couldn't reach him. Finally, she had to take the dog home with her. She contacted some other shops to find out how they deal with such problems and got some good advice.

> **訳：**リサは犬の毛をカットして整えるのが大好きなので、自分でトリ
> ミングサロンの店を始めた。開店3週目、ある客がペットの犬をトリ
> ミングに預けたが、その日引き取りに来なかった。リサは客の電話番
> 号を知っていたものの、つながらなかった。とうとう、家に犬を連れ
> 帰らざるをえなかった。こういう場合はどうすべきか相談するため他
> 店に問い合わせ、良いアドバイスをもらった。

Notes

Finally, she had to take the dog home with her.

この文での home は副詞なので、to などの前置詞は伴いませ
ん。名詞の house などを使うと、take the dog to her
house と to が必要になります。

Words & Phrases

- style /stáil/［動］（髪などを）整える
- fur /fə́:r/［名］（哺乳類の）被毛
- pet grooming　ペットの美容
- reach /rí:tʃ/［動］（電話などで）連絡する
- contact /kántækt/［動］　連絡を取る

Passage 67

音声

[CD]　　　　ナチュラル……DISC 1_34
リピーティングポーズ入り……DISC 2_44
[DL]　　　　ナチュラル……………067
リピーティングポーズ入り……………067

To buy food for cooking, we know what to do: go to the nearest supermarket. But supermarkets only appeared in the last 100 years or so, and much more recently in many places. Before supermarkets, there were grocers. Customers entered, handed the grocer a list of items, and waited while he packaged and wrapped everything. Then, to finish shopping, they had to visit the butcher, fish market, bakery and others, usually without a car.

訳：料理に必要な食材を買うために何をすべきかを我々は知っている。最寄りのスーパーマーケットに行けばいい。しかし、スーパーが登場したのはここ100年かそこらのことで、至る所に登場したのはもっとずっと後になってからだ。スーパーができる前は食料雑貨店があった。客が来て、品目のリストを店の人に渡し、店の人が品物をまとめて包装するまで待った。それから、買い出しを終えるため、精肉店、鮮魚店、ベーカリー、その他と、普通は歩いて店をまわる必要があった。

Notes

To buy food for cooking, we know what to do: …

　　　　to 不定詞の副詞的用法の文ですが、強調のために不定詞部分が文頭に出されています。基本的な文にすると We know what to do to buy food for cooking: … ですね。

Words & Phrases

- grocer /gróusər/［名］ 食料雑貨商、食料雑貨店
- item /áitəm/［名］ 品目
- package /pǽkidʒ/［動］ 荷物にまとめる
- wrap /rǽp/［動］ 包む
- butcher /bútʃər/［名］ 精肉店
- fish market　魚市場、鮮魚店
- bakery /béikəri/［名］ ベーカリー

Passage 68

音声

[CD]　　　　　ナチュラル……DISC 1_34
リピーティングポーズ入り……DISC 2_45
[DL]　　　　　ナチュラル…………068
リピーティングポーズ入り…………068

Jeff's hobby is mountain stream fishing. On weekends, he always goes to his favorite river. His younger brother, Michael, also likes fishing, but he prefers sea fishing, so they don't go out together. Their father likes fishing, too, and used to take them to the river when they were kids. Once, Michael slipped on a wet rock and fell into the river, nearly drowning. Jeff thinks that is why Michael stopped fishing in the river.

訳：ジェフの趣味は渓流釣りです。週末には必ずお気に入りの川に行きます。弟のマイケルも釣り好きですが、海釣りのほうが好きなので、一緒には行きません。彼らの父親も釣り好きで、2人が子どものころはよく川に連れて行ってくれました。マイケルは濡れた岩で滑って川に落ち、溺れそうになったことがありました。ジェフは、マイケルが川で釣りをしなくなったのはそれが原因だと考えています。

Notes

Jeff thinks that is why Michael stopped fishing in the river.

「そういうわけで〜だ」という意味を形成する関係副詞 why を使った文では、この文のように先行詞が省略されることが多いです。

先行詞 the reason を復元すると次のようになります。

Jeff thinks that is the reason why Michael stopped fishing in the river.

Words & Phrases

- mountain stream fishing　渓流釣り
- prefer /prifə́:r/［動］（〜のほうを）好む
- sea fishing　海釣り
- drown /dráun/［動］　溺死する

Passage 69

音声

[CD]　　　　　ナチュラル……DISC 1_35
リピーティングポーズ入り……DISC 2_46
[DL]　　　　　ナチュラル……………069
リピーティングポーズ入り……………069

Every Friday, Eddie's responsibility is to carry the household trash outside to the place where the truck comes to collect it. He takes bottles, cans, paper, plastic and other recyclable trash out on Mondays. While doing this, Eddie is often impressed by the large volume of waste, and he wonders where it all goes and if his family is doing enough to cut down on consumption. He decided to research these questions.

訳：毎週金曜日、エディの仕事は家庭ゴミを家の外の回収車が来る
場所まで運ぶことだ。瓶、カン、紙、プラスチック、その他のリサイ
クルゴミは月曜日に出す。このときエディはよく、ゴミがこんなにも
あるのかと思い、ゴミはどこに行くんだろうと考え、そして自分の家
族は消費量を減らすためにすべきことをしているのかと思いを巡らせ
る。エディはこうした疑問について調べてみることにした。

Notes

..., Eddie is often impressed by the large volume of waste,
...

> impress は「強い印象を与える、感銘を与える」などの意味
> を持つ他動詞ですが、人を主語にして「感動する、感心する」
> というときは受動態を用います。この文を the large volume
> of waste を主語にして能動態に変換すると、The large
> volume of waste often impresses Eddie となります。

Words & Phrases

- household trash　家庭ゴミ
- recyclable /rìːsáikləbl/［形］再生利用可能な、リサイクル可
  能な
- cut down on ～　～を減らす
- consumption /kənsʌ́mpʃən/［名］消費
- research /risə́ːrtʃ/［動］調べる

Passage 70

音声

[CD] ナチュラル……DISC 1_35
リピーティングポーズ入り……DISC 2_47
[DL] ナチュラル……………070
リピーティングポーズ入り…………070

Mr. Brown loves running. He started running about 10 years ago and really enjoyed it, so he ran more and more. Now he even participates in marathons. Recently, he injured his knee and was worried that he would have to stop running, but the doctor said he would be fine after a short rest, which was a relief. He is looking forward to participating in marathons again.

訳：ブラウンさんはランニングが大好きです。10年ほど前にランニングを始めたのですが、それがとても楽しくて、どんどん走るようになりました。今では、マラソン大会にも参加するようになりました。最近、膝を痛めてしまい、走るのをやめなければならないかと心配していましたが、医師から少し休めば大丈夫だと言われ、安心しました。またマラソン大会に参加するのを楽しみにしています。

Notes

He is looking forward to participating in marathons again.

> look forward to ～「～を楽しみにする」の to は不定詞を導く to ではないので、動詞を使うときには動名詞にします。
>
> ex:［誤］We are looking forward to see you again.
>
> 　　［正］We are looking forward to seeing you again.
>
> 　　またお会いできるのを楽しみにしております。

Words & Phrases

● participate in ～　～に参加する
● injure /índʒər/［動］　傷つける、痛める
● be worried that …　…だと心配する
● relief /rilíːf/［名］　安堵

Passage 71

音声

[CD]　　　　ナチュラル……DISC 1_36
リピーティングポーズ入り……DISC 2_48
[DL]　　　　ナチュラル…………071
リピーティングポーズ入り…………071

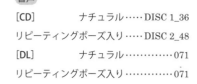

Brenda got her first bicycle when she was eight and she often rode it around the neighborhood. Over time, she used it to go farther and farther from home. Her friend and riding companion, Maya, showed Brenda how to take her bike apart, clean it and reassemble it. Over the years, Brenda noticed people cycling to work and even traveling long-distance by bicycle. She was sure she would enjoy those things, too.

> 訳：ブレンダが自転車を初めて持ったのは8歳のときで、それに乗って近所をよく走りまわった。次第に、自転車に乗って家からもっと遠く離れたところへ行くようになった。一緒に自転車に乗って出かける友達のマヤは、ブレンダに自転車の分解の仕方、掃除の仕方、組み立て方を教えてあげた。何年か経つと、ブレンダは人々が自転車で仕事に行き、長距離を自転車で旅をしているのにさえ気づいた。彼女は、自分もきっとそれらを楽しむことになると思った。

Notes

Over the years, Brenda noticed people cycling to work and even traveling long-distance by bicycle.

　　〈知覚動詞＋O＋現在分詞〉は、「O が〜しているところを気づく［聞く、感じる、見る etc.］」という表現です。

　　ex: I heard her singing.

　　　　私は彼女が歌っているのを聞いた。

　　　　We saw him taking a walk in the park.

　　　　私たちは彼が公園で散歩しているのを見かけた。

Words & Phrases

- rode　ride（［動］自転車、オートバイなど乗りものに乗る）の過去形
- take ~ apart　分解する
- reassemble /rì:əsémbl/ ［動］　再び組み立てる

Passage 72

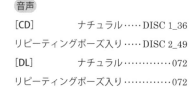

音声

[CD]　　　　　ナチュラル……DISC 1_36
リピーティングポーズ入り……DISC 2_49
[DL]　　　　　ナチュラル……………072
リピーティングポーズ入り……………072

In a class at her high school, Anna read an interesting article about edible plants, and then watched some documentaries on the same topic. She wondered why she hadn't heard anything about it before. She also wondered why her friends were not interested in it at all. After all, she reasoned, it's normal to eat supermarket vegetables or have an herb garden. She decided to buy a guidebook and find some plants to eat.

> **訳**：アナは高校の授業で食用植物に関する面白い記事を読み、それから同じテーマのドキュメンタリーをいくつか観た。どうして以前に何も聞いたことが無かったんだろう。また、どうして友達は全く関心が無いのだろうかと思った。結局のところ、彼女はスーパーマーケットで売られている野菜を食べたり、ハーブ園を持つのが普通なのだと判断した。ガイドブックを買い、食べられる植物を探してみることにした。

Notes

She wondered why she hadn't heard anything about it before. She also wondered why her friends were not interested in it at all.

> 動詞 wonder（〜かしらと思う）を使った間接疑問文です。
> 疑問詞（ここでは why）の他に、if や whether も使われます。
> ex: I wonder what happened to them.
>> 彼らに何が起こったのだろう。
>> She wondered where he went.
>> 彼女は、彼はどこに行ったのかしらと思った。
>> He wondered if he was dreaming.
>> 彼は、自分は夢を見ているのだろうかと思った。

Words & Phrases

- article /άːrtikl/［名］ 記事
- edible /édibl/［形］ 食べられる
- reason /ríːzn/［動］ 推論する、判断する

Passage 73

音声

[CD] ナチュラル‥‥‥DISC 1_37
リピーティングポーズ入り‥‥‥DISC 2_50
[DL] ナチュラル‥‥‥‥‥‥073
リピーティングポーズ入り‥‥‥‥‥‥073

When surveying normal people on the question of how many languages there are in the world, a common answer is, "Maybe around two- to three-hundred." The truth is that linguists don't know. They disagree about whether certain languages are different enough from related ones to be considered distinct. But according to a very respected source, there are about 6,909 languages. Most belong to small ethnic minorities and are in danger of disappearing.

訳：世界にはいくつの言語があるかという質問を普通の人に尋ねると、よくある回答は「たぶん200〜300ぐらい」だ。実際のところは言語学者もわからない。ある言語が近縁関係にある他の言語とは別物であると見なしうるほど異なるかどうかについては、見解が分かれている。しかし、評価が非常に高い情報源によると、およそ6909の言語があるそうだ。ほとんどが少数民族のもので、消滅の危機に瀕している。

Notes

When surveying normal people on the question of how many languages there are in the world, ...

> question of 〜 は「〜という質問」。ここでの of は、「同格の of」と呼ばれるものです。また、最終文の in danger of disappearing の of も同格の of ですが、こうした同格の of ＋ 動名詞の他の例には、dream of 〜ing（〜するという夢）、method of 〜ing（〜する方法）、custom of 〜ing（〜する慣習）などがあります。

Words & Phrases

- survey /sərvéi/［動］ アンケート調査などを行う
- disagree /dìsəgríː/［動］ 意見が合わない
- distinct /distíŋkt/［形］ 他とは全く別な
- respected source　信頼すべき筋、確かな筋
- belong to 〜　〜に属する
- ethnic minority　少数民族
- in danger of 〜　〜の恐れがあって

Passage 74

音声
[CD]　　　　ナチュラル……DISC 1_37
リピーティングポーズ入り……DISC 2_51
[DL]　　　　ナチュラル…………074
リピーティングポーズ入り…………074

Erika got her first smartphone when she turned 13. She immediately started using it and thought it was incredibly useful. But from a teacher, she learned about the dark side of this technology. A mineral needed to make smartphones comes from places in Africa where a terrible government uses the money to finance war. Using smartphones can damage relationships, diminish attention spans, and reduce enjoyment of social occasions. Erika decided to be careful.

> **訳：**エリカは13歳になったときに初めてスマートフォンを持った。すぐに使い始め、すごく便利なものだと思った。でもある先生から、このテクノロジーの影の側面を教わった。スマートフォンを製造するのに必要な鉱物がアフリカのある地域で採れ、そこでは恐ろしい政府がそのお金を戦争資金に充てている。スマートフォンの使用は人間関係を壊し、集中力を低下させ、社会的な機会の楽しみを減らす可能性もある。エリカは気をつけることにした。

Notes

She immediately started using it and thought it was incredibly useful.

> She が動詞 started と thought 両方の主語です。thought の後は that 節ですが、接続詞 that は省略されています。

Words & Phrases

- incredibly /inkrédəbli/［副］　信じられないほどに、非常に
- dark side　影の側面
- terrible /térəbl/［形］　恐ろしい
- finance /fáinæns/［動］　資金を融資する
- relationship /riléiʃənʃip/［名］　（人と人などの）関係
- diminish /dimíniʃ/［動］　減らす、弱める
- attention span　集中力が持続する時間
- social occasion　社会的な機会

Passage 75

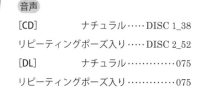

音声

[CD]　　　　　ナチュラル……DISC 1_38
　リピーティングポーズ入り……DISC 2_52
[DL]　　　　　ナチュラル…………075
　リピーティングポーズ入り…………075

In most non-urban places on earth, the sound of nighttime is the sound of crickets chirping. The males are the noise-makers. They chirp in order to drive other males out of their territories and to attract the females. For most species, the higher the temperature, the more chirps per minute. In fact, you can calculate the air temperature in Celsius by adding 5 to the number of chirps in 8 seconds.

訳：地球上の非都市域の大部分において、夜間の音といえばコオロギの鳴く声である。鳴いているのはオスである。オスのコオロギたちは他のオスを縄張りから追い出すためと、メスを惹きつけるために鳴く。たいていの種が、気温が高ければ高いほど1分あたりに鳴く回数が多くなる。実は、8秒間に鳴く回数に5を加えることによって摂氏温度を算出することができる。

Notes

They chirp in order to drive other males out of their territories and to attract the females.

in order to ～ は「～するために」と目的を表す熟語です。〈in order for（人・物）to ～〉の形で主語以外を to 不定詞の意味上の主語にすることもできます。

ex: I spoke clearly in order for him to understand it.
私は彼が理解できるようにはっきりと話した。

Words & Phrases

- chirp /tʃə́ːrp/［動］（鳥や虫が）甲高く鳴く、さえずる
- drive out　追い出す
- territory /térità:ri/［名］　縄張り
- attract /ətrǽkt/［動］　惹きつける
- female /fíːmeil/［名］　メス
- temperature /témpərətʃər/［名］　気温
- calculate /kǽlkjulèit/［動］　計算する
- Celsius /sélsiəs/［名］　摂氏
- add /ǽd/［動］　加える

Passage 76

音声

[CD] ナチュラル……DISC 1_38
リピーティングポーズ入り……DISC 2_53
[DL] ナチュラル…………076
リピーティングポーズ入り…………076

Teaching is the most common profession in many countries, and is among the most important, difficult and stressful jobs, too. Both before and after the school day, as well as evenings and weekends, most teachers are hard at work. In the USA, most teachers spend their own money to buy books and other things they need for teaching. Yet, their salaries often aren't enough to buy a house.

訳：教育は多くの国で最も一般的な職業であり、同時にまた最も重要で、難しく、ストレスの多い仕事でもある。授業の前後および夜間や週末もたいていの教師は懸命に働いている。アメリカでは、教師のほとんどが自費で授業に必要な書籍や物品を購入している。にもかかわらず、給料は家を購入できるほど十分ではないことが多い。

Notes

Yet, their salaries often aren't enough to buy a house.

> … enough to ~は「~するのに十分に…」という意味の構文です。「~するには…すぎる」はtoo … to ~の構文を使います。

> ex: He is old enough to get married.
>> 彼は結婚できる年齢だ。

>> They are too young to get married.
>> 彼らは結婚するには若すぎる。

Words & Phrases

- teaching /tíːtʃiŋ/ ［名］ 教えること、教職
- profession /prəféʃən/ ［名］ （専門的）職業
- school day 授業日、（1日の）授業時間
- be hard at work せっせと働く

Passage 77

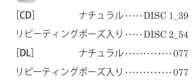

音声

[CD]　　　　　ナチュラル……DISC 1_39
リピーティングポーズ入り……DISC 2_54
[DL]　　　　　ナチュラル…………077
リピーティングポーズ入り…………077

Mary had always wanted to get a cat. She planned to get a Siamese or Persian cat, but one day a stray cat wandered into her yard. The cat was hungry and injured, and she decided to take it in. A few months later, the cat is completely healthy and has taken to her. Mary considers it to be the most adorable cat in the world.

訳：メアリーはずっとネコを飼ってみたいと思っていました。シャムネコかペルシャネコを飼うつもりでしたが、ある日、庭に野良ネコが迷い込んできました。そのネコはお腹を空かせていて、けがをしていたので、彼女はそのネコを引き取ることにしました。数か月後、そのネコはすっかり元気になって彼女に懐きました。メアリーはそのネコを世界で最も愛らしいネコだと思っています。

Notes

Mary considers it to be the most adorable cat in the world.

> consider A to be B で「A を B と見なす、考える」となりますが、to be を取り consider A B の語法もあります。

> ex: They consider that problem to be important.
> They consider that problem important.
> 彼らはその問題を重要だと見なしている。

Words & Phrases

- Siamese cat　シャム猫
- Persian cat　ペルシャ猫
- stray cat　野良猫
- wander /wándər/ ［動］　さまよう、迷う
- injured /índʒərd/ ［形］　けがをした
- take in　引き取る
- take to ~　~に懐く
- adorable /ədɔ́:rəbl/ ［形］　愛らしい

Passage 78

音声

[CD]　　　　ナチュラル‥‥‥DISC 1_39
リピーティングポーズ入り‥‥‥DISC 2_55
[DL]　　　　ナチュラル‥‥‥‥‥‥078
リピーティングポーズ入り‥‥‥‥‥078

Rachel's family was moving to a faraway city, and she couldn't imagine being happy there. She had to say good-bye to her friends and teachers at her high school and adjust to a new school. Her first days were difficult since there were so many new things to remember. But gradually, she became friendly with several classmates, and started feeling happy, and thinking less about her old school. Now she is fully enjoying her new life.

> 訳：レイチェルの家族は遠方の街へ引っ越すことになったが、彼女は新天地で楽しくやっているところを想像できなかった。高校の友人や先生に別れを告げ、新しい学校に慣れなくてはならなかった。最初のころは新しく覚えることがたくさんありすぎて大変だった。でも徐々に何人かのクラスメイトと親しくなり、楽しくなってきて、昔の学校のことをあまり考えなくなった。今や彼女は新生活を存分に楽しんでいる。

Notes

..., and she couldn't imagine being happy there.

〈imagine ＋~ing〉は「~することを想像する」です。「（主語以外の）人・物が~することを想像する」は〈imagine ＋人・物＋~ing〉となります。

ex: Can you imagine living in that country?

あの国で暮らすことを想像できるかい？

Can you imagine him living in that country?

彼があの国で暮らすことを想像できるかい？

Words & Phrases

- faraway /fɑ́:rəwèi/ ［形］遠くの
- imagine /imǽdʒin/ ［動］想像する
- adjust to ~ ~に順応する
- gradually /grǽdʒuəli/ ［副］徐々に
- fully /fúli/ ［副］完全に、十分に

Passage 79

音声
[CD] ナチュラル……DISC 1_40
リピーティングポーズ入り……DISC 2_56
[DL] ナチュラル……………079
リピーティングポーズ入り……………079

Mr. Green did not have a cell phone. He was often annoyed to see people talking loudly on their cell phones on the train or walking down the street while staring at their phones. But pressure from his family finally forced him to get a cell phone himself. Now Mr. Green thinks that cell phones are quite useful and not bad if used in moderation.

> 訳：グリーンさんは、携帯電話を持っていませんでした。電車内で大声を上げて携帯電話で話している人や、携帯電話を見ながら道を歩いている人を見ると、彼はしばしばイライラしていました。しかし、家族からの圧力により、ついに携帯電話を持つことになりました。今、グリーン氏は、携帯電話はかなり便利で、適度に使えば悪くないと考えています。

Notes

Now Mr. Green thinks that cell phones are quite useful and not bad if used in moderation.

本来の if 節 if they are used in moderation が省略形になっています。

ex: That will be very difficult if it is not impossible.
それは不可能でないにしろ非常に難しいだろう。

→ That will be very difficult if not impossible.
（省略形）

Words & Phrases

- cell phone　携帯電話
- annoyed /ənɔ́id/［形］　イライラした、腹を立てた
- loudly /láudli/［副］　大声で
- stare at ～　～をじっと見つめる、～を凝視する
- force ～ to ...　～に…することを強いる
- moderation /màdəréiʃən/［名］　節度

Passage 80

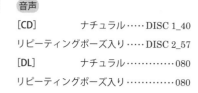

音声
[CD]　　　　ナチュラル‥‥‥DISC 1_40
　　リピーティングポーズ入り‥‥‥DISC 2_57
[DL]　　　　ナチュラル‥‥‥‥‥080
　　リピーティングポーズ入り‥‥‥‥080

When he was in college, Paul read a translation of novel by a famous Japanese author and was impressed. So he started to read a lot of Japanese literature. Then, he started studying Japanese, hoping to one day read Japanese novels in their original language. Paul is already fluent in French and German, but for him, Japanese is incomparably more difficult. But he has no intention of giving up on his dream.

> 訳：ポールは大学時代に日本の有名作家の小説を翻訳で読み、深い感動を覚えました。それで彼は日本の文学作品をたくさん読むようになりました。そして、いつか日本の小説を原文で読みたいと思い、日本語の勉強を始めました。ポールはすでにフランス語とドイツ語に精通していますが、彼にとって日本語は比べものにならないほど難しく感じます。しかし、彼は自分の夢をあきらめるつもりはありません。

Notes

So he started to read a lot of Japanese literature. Then, he started studying Japanese, …

> start to 〜と start 〜ing（〜し始める）が２文連続で使われています。
>
> start、begin などは不定詞と動名詞の両方を目的語にでき、意味も変わりません。
>
> ex: He began to laugh.
>> He began laughing.
>> 彼は笑い始めた。

Words & Phrases

- translation /trænsléiʃən/［名］ 翻訳
- author /ɔ́ːθər/［名］ 著者、作家
- be impressed 感銘を受ける
- original /ərídʒnl/［形］ 元の、本来の
- fluent /flúːənt/［形］（人が言語に）堪能な
- incomparably /inkámpərəbli/［副］ 比較にならないほどに
- intention /inténʃən/［名］ 意図
- give up on 〜 〜を断念する

197

Passage 81

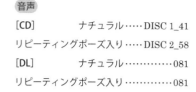

音声

[CD]　　　　　ナチュラル……DISC 1_41
リピーティングポーズ入り……DISC 2_58
[DL]　　　　　ナチュラル……………081
リピーティングポーズ入り……………081

Peter had a nightmare one night. In his dream, he was walking in the African savannah and came across a big lion. The lion hunted him down and attacked him. He woke up just as the lion was about to eat him, and he realized that his pet cat was asleep on his chest. It's funny how dreams sometimes have an actual connection to reality.

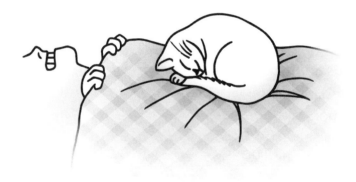

訳：ピーターはある夜、悪夢を見ました。夢のなかで彼はアフリカの
サバンナを歩いていて、大きなライオンに出くわしました。ライオン
はピーターを追い詰め、彼に襲いかかりました。ライオンに食べられ
る寸前で目が覚め、ペットのネコが胸の上で眠っていることに気づき
ました。夢はときに現実とつながっているのが面白いですね。

Notes

He woke up just as the lion was about to eat him, and he
realized that his pet cat was asleep on his chest.

> 接続詞 as は様々な意味を持ちますが、ここでは、「～すると
> きに」と「時」を表しています。as は when と比べて同時性
> が強いのですが、just も加わり、「ちょうど～するときに」と
> さらに同時性が強まっています。

> ex: Just as I was leaving, I heard a cry.
> 　　ちょうど立ち去ろうとしていたときに叫び声が聞こえた。

Words & Phrases

- nightmare /náitmèər/ ［名］ 悪夢
- savannah /səvǽnə/ ［名］ サバンナ、(熱帯・亜熱帯地方に見ら
  れる)草原
- come across 　出くわす
- hunt down 　追い詰める
- attack /ətǽk/ ［動］ 襲う
- be about to ～ 　まさに～しようとしている
- realize /ríːəlàiz/ ［動］ 気づく
- connection /kənékʃən/ ［名］ つながり

Passage 82

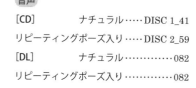

音声

[CD]　　　　ナチュラル‥‥‥DISC 1_41
リピーティングポーズ入り‥‥‥DISC 2_59
[DL]　　　　ナチュラル‥‥‥‥‥‥082
リピーティングポーズ入り‥‥‥‥‥082

Neckties are usually, but not always, a fashion accessory for men. There are many variations, many of which are no longer in style. Europeans started wearing them in the mid 17th century, during the Thirty Years' War. People in Paris saw soldiers from Croatia wearing them and they became popular. Whether it is for fashion, part of a uniform, or to obey social expectations, the necktie is an enduring custom.

> 訳：ネクタイは、常にそうとは限らないが、通常は男性用のファッションアイテムだ。様々な色や形があり、それらの多くはもはや廃れてしまった。17世紀半ば、30年戦争の間にヨーロッパ人が着用し始めた。パリ市民がクロアチアの兵士が着用しているのを見てから流行した。ファッション用であれ、制服の一部であれ、社会規範に従うためであれ、ネクタイは長く続いてきた慣習だ。

Notes

There are many variations, many of which are no longer in style.

> 関係代名詞の継続用法を使った文。先行詞は variations で、次のように2文に分割することもできます。

> There are many variations. Many of them are no longer in style.

Words & Phrases

- variation /vèəriéiʃən/［名］ 変化、（同種のものから）わずかに変化したもの
- obey /oubéi/［動］ 従う
- social /sóuʃəl/［形］ 社会の
- expectation /èkspektéiʃən/［名］ 期待、予期
- enduring /endjúəriŋ/［形］ 長続きする

201

Passage 83

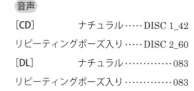

音声

[CD]　　　　　ナチュラル……DISC 1_42
リピーティングポーズ入り……DISC 2_60
[DL]　　　　　ナチュラル…………083
リピーティングポーズ入り…………083

Roger had recently finished his university studies in Environmental Engineering. He found a job that was 4 km from his apartment, an easy drive. But his old car soon became unusable and he couldn't afford to replace it, even with a used car. Instead, he decided to ride his bicycle or walk, even in cold, snowy weather. It wasn't easy, but he felt he had made an eco-friendly decision.

> **訳：**ロジャーは最近、環境工学の学位を得て大学を卒業した。家から4キロメートル離れた、車ですぐの場所に職を見つけた。しかし、彼の古い車はすぐ使いものにならなくなってしまい、たとえ中古車でも、車を買い替えるお金が無かった。その代わりに、寒い日も雪の日も、自転車か徒歩で通勤することを決意した。楽ではなかったが、環境に配慮したエコな選択をしたと実感していた。

Notes

But his old car soon became unusable and he couldn't afford to replace it, even with a used car.

> can afford to 〜 は「〜する余裕がある」という意味の表現で、通常否定文で使われます。この文のように金銭的なこと、あるいは時間について使うことが多いですが、もっと一般的に「〜するわけにはいかない」という意味で使うことも少なくありません。

> ex: The team cannot afford to lose this game.
> チームはこの試合に負けるわけにはいかない。

Words & Phrases

- replace /ripléis/ ［動］ 取り替える
- eco-friendly 環境に優しい［配慮した］

Passage 84

音声

[CD]　　　　　ナチュラル‥‥‥DISC 1_42
リピーティングポーズ入り‥‥‥DISC 2_61
[DL]　　　　　ナチュラル‥‥‥‥‥‥084
リピーティングポーズ入り‥‥‥‥‥‥084

In 1853, Hollywood had only one tiny house. Soon the area, 16 km west of Los Angeles, was an active farming community. Thirty years later, a politician bought a large piece of land, hoping to be a rancher. His plan failed, so he divided up the land and established the town of Hollywood in 1903. The community grew, soon becoming part of LA. Soon thereafter, it became America's movie capital.

> 訳：1853年、ハリウッドにはたった1軒の小さな家しかなかった。ロサンゼルスから西方16キロメートルのこの地域はやがて農業が盛んな集落となった。30年後、とある政治家が農場経営者を目指して広大な土地の一画を購入した。計画がうまくいかなかったため、彼は土地を分割し、1903年にハリウッドという町を築いた。地域は発展し、まもなくロサンゼルスの一部となった。その後まもなく、ハリウッドはアメリカ映画界の中心地となった。

Notes

Thirty years later, a politician bought a large piece of land, hoping to be a rancher.

> piece はこの文の land のように、よく不可算名詞とともに用いられ、「ひとつの［2つの、いくつかの、多くの etc.］〜」と言うことができます。

> ex: Can I give you a piece of advice?
> ひとつ忠告をしてもいいかな？

> They bought some pieces of furniture.
> 彼らは家具を数点買った。

Words & Phrases

- politician /pàlətíʃən/ ［名］ 政治家
- rancher /rǽntʃər/ ［名］ 農場（牧場）主
- divide up 分ける、分割する
- establish /estǽbliʃ/ ［動］ 設立する
- thereafter /ðèərǽftər/ ［副］ その後は、それ以来
- capital /kǽpətl/ ［名］ 中心地

Passage 85

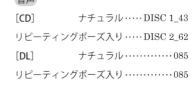

音声

[CD]　　　　ナチュラル·····DISC 1_43
リピーティングポーズ入り·····DISC 2_62
[DL]　　　　ナチュラル·············085
リピーティングポーズ入り·············085

News and entertainment delivered via radio broadcast began a century ago, in 1920. By 1950, people in most countries were listening to either private or government-run radio programming, or both. In particular, rural populations now had access to news, music, educational programs, dramas, storytelling, religious programs and local weather. Such programming continues to thrive today, but satellite and streaming services are taking over, gradually replacing traditional AM and FM radio.

> **訳：**ラジオを通じて配信されるニュースや娯楽は1世紀前の1920年に始まった。1950年までには、ほとんどの国の国民が、民営または国営、もしくはその両方によるラジオ番組を聴いていた。特に、地方に住む人々でもようやくニュース、音楽、教育番組、ドラマ、読み聞かせ、宗教番組、地域の天気などに触れられるようになった。そうした番組は今日も盛んだが、衛星放送やストリーミング放送が勢いを増し、徐々に昔からあるAM,FMラジオに取って代わってきている。

Notes

By 1950, people in most countries were listening to either private or government-run radio programming, or both.

> either は基本的な単語ですが、この either A or B（AかBのいずれか）の他にも使いこなすのはなかなか難しい単語です。

> ex: I don't know either person.
> 私はどちらの人も知らない。

> He was not tired. I wasn't, either.
> 彼は疲れていなかった。私も疲れていなかった。

> There were cherry trees on either side of the river. 川の両側に桜の木が植えられていた。

Words & Phrases

● deliver /dilívər/ ［動］ 配信する

● private /práivət/ ［形］ 民営の

● government-run 国営の

● religious /rilídʒəs/ ［形］ 宗教の

● thrive /θráiv/ ［動］ 栄える、繁栄する

● take over 引き継ぐ、（以前のものより）優位になる

● replace /ripléis/ ［動］ 取って代わる

Passage 86

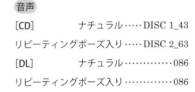

音声

[CD]　　　　　ナチュラル……DISC 1_43
　リピーティングポーズ入り……DISC 2_63
[DL]　　　　　ナチュラル…………086
　リピーティングポーズ入り…………086

The invention of the wheel is one of the most important technological leaps in human history. More than 6,000 years ago in Mesopotamia (now Iraq), wheels for making clay pots may have been among the first uses for the wheel. The earliest evidence of wheeled vehicles also comes from Mesopotamia, around 5,500 years ago. The technology then seemed to spread quickly and widely. Early wheels were simply slices of tree trunks.

> **訳：**車輪の発明は人類史における最も重要な技術的飛躍のひとつだ。6000年以上も前のメソポタミア（現在のイラク）で土器を作るために使われた車輪が、最初の使用の1例だったかもしれない。最古の車両の証拠も約5500年前のメソポタミア時代のものだ。その技術はそれから急速かつ広範囲に広まったようだ。初期の車輪は木の幹をただ輪切りにしたものだった。

Notes

The technology then seemed to spread quickly and widely.

> seem to ～ は「～のようだ」という意味ですが、it seems that ... の構文で言い換えることもできます。

> ex: He seems to like her.

>> It seems that he likes her.

>> 彼は彼女のことが好きなようだ。

Words & Phrases

- invention /invénʃən/ [名] 発明
- wheel /hwíːl/ [名] 車輪
- technological /tèknəládʒikəl/ [形] 科学技術の
- leap /líːp/ [名] 飛躍
- clay pot 土器
- vehicle /víːəkl/ [名] 乗りもの
- spread /spréd/ [動] 広がる、普及する
- trunk /trʌ́ŋk/ [名] 幹

Passage 87

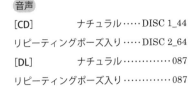

音声
[CD]　　　　　　ナチュラル······DISC 1_44
　　　リピーティングポーズ入り·····DISC 2_64
[DL]　　　　　　ナチュラル············087
　　　リピーティングポーズ入り············087

Hello, this is Jack from Salvador's Kitchen. I want to thank you for your Thursday evening reservation with us. However, we are terribly sorry, but due to damage from yesterday's storm, we have to close the restaurant for roof repairs until May 30th. For one month after reopening, affected customers will receive a 20% discount on all dinners reserved with us. Again, we sincerely apologize and hope to see you soon.

訳：こんにちは、サルバドールキッチンのジャックと申します。木曜夜のお席のご予約をありがとうございます。しかしながら、誠に申し訳ありませんが、昨日の嵐による被害を受け、屋根の修理をするため5月30日まで当レストランを休業いたします。この間にご迷惑をおかけしたお客様には、営業再開後の1か月間、当レストランをご予約されお召し上がりになる全てのディナーから20%の割引をさせていただきます。改めてお詫びを申し上げますとともに、再開後のご来店をお待ちしております。

Notes

..., but due to damage from yesterday's storm, we have to close the restaurant for roof repairs ...

> due to ~は「~のために、~が原因で」という意味の熟語です。「原因」を表す熟語には他に、because of、on account of、owing to などがあります。

Words & Phrases

- reservation /rèzərvéiʃən/ ［名］ 予約
- due to ~ ~が原因で
- storm /stɔ́:rm/ ［名］ 嵐
- repair /ripéər/ ［名］ 修理
- affect /əfékt/ ［動］ 影響を与える
- apologize /əpɑ́lədʒàiz/ ［動］ 詫びる

Passage 88

音声

[CD]　　　　　ナチュラル……DISC 1_44
リピーティングポーズ入り……DISC 2_65
[DL]　　　　　ナチュラル…………088
リピーティングポーズ入り…………088

Susan was afraid of flying and had never been on an airplane before. But one day she was forced to get on a flight because she needed to go on a business trip. During takeoff, her whole body went rigid. But when the plane reached its cruising altitude, she looked out the window and was mesmerized by the view from high above. Her fear had already dissipated.

訳：スーザンは飛行機が怖くて、今まで一度も飛行機に乗ったことがありませんでした。しかし、ある日、出張に行く必要があったため、仕方なく飛行機に乗りました。離陸時には全身が硬直していました。しかし飛行機が巡航高度に達すると彼女は窓の外を見て、高いところからの景色に魅了されました。彼女の恐怖心はすでにすっかりどこかに消えていました。

Notes

Susan was afraid of flying and had never been on an airplane before.

> 過去のある時点までの、行為・事態の完了、継続、経験について言う際には、過去完了形を用います。

> ex: When I first met Mr. Brown, he had lived in Japan for 10 years.
>
> 私が初めて会ったとき、ブラウン氏は在日 10 年だった。
>
> She asked me if I had already had lunch.
>
> 彼女は私にもう昼食を食べたのか尋ねた。

Words & Phrases

- be forced to ～　～することを強いられる
- business trip　出張
- takeoff /téikɔ̀ːf/［名］　離陸
- whole body　全身
- crusing altitude　巡航高度
- be mesmerized　魅了される
- from high above　高所から
- dissipate /dísəpèit/［動］　消える、消散する

Passage 89

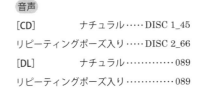

音声
[CD]　　　　　　ナチュラル……DISC 1_45
　　リピーティングポーズ入り……DISC 2_66
[DL]　　　　　　ナチュラル…………089
　　リピーティングポーズ入り…………089

Recent research suggests that animals are not alone in their ability to communicate; plants do, too. Of course, they don't use language, as we do. Plants sense when insects are eating their leaves and release chemical signals. Neighboring plants, even of different species, respond by producing their own chemical defense. However, it's still unclear if the plants are actually warning nearby plants, or if they are simply screaming and the others are listening.

訳：近年の研究が示すのは、コミュニケーションを取れるのは動物だけではないということだ。植物もまたコミュニケーションを取る。もちろん、人間のように言葉を使うわけではないが。植物は昆虫が葉を食べていると、それを感知して化学信号を発信する。近隣の植物は、違う種の植物ですら、反応して自身の化学防御物質を生成する。しかしながら、植物が実際にまわりの植物に警告を発しているのか、もしくは単に悲鳴をあげているだけで、他の植物もそれを聴いているだけなのかは、まだ定かではない。

Notes

..., it's still unclear if the plants are actually warning nearby plants, ...

> if the plants are actually warning nearby plants is still unclear と長い if 節を主語にすると座りが悪いので、形式主語 it が使われています。

Words & Phrases

- suggest /səgdʒést/［動］示唆する
- communicate /kəmjúːnəkèit/［動］通じ合う、コミュニケーションを取る
- sense /séns/［動］感知する
- insect /ínsekt/［名］昆虫
- release /rilíːs/［動］放出する、出す
- chemical /kémikəl/［形］化学的な
- signal /sígnəl/［名］信号

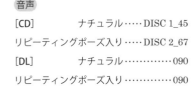

Passage 90

音声

[CD] 　　　　　ナチュラル……DISC 1_45
リピーティングポーズ入り……DISC 2_67
[DL] 　　　　　ナチュラル…………090
リピーティングポーズ入り…………090

The arrival of electricity was such a vast change that it's hard to imagine life without it. Before electricity, cities were dark and people had to carry candles everywhere at night. In addition, laundry and cooking took much longer. If you had meat, it had to be salted and dried to prevent spoiling. Huge amounts of firewood were needed for cooking and home heating, especially in winter.

> **訳**：電気の到来は劇的な変化をもたらしたがために、それが無い生活は考えられないほどだ。電気の無いころ、都市は暗く、人々は夜間どこへ行くにもろうそくを持たなければならなかった。加えて洗濯と料理はもっと時間がかかった。肉があれば腐敗を防ぐために塩漬けして乾燥させる必要があった。特に冬は調理と暖房のために大量の薪が必要だった。

Notes

The arrival of electricity was such a vast change that it's hard to imagine life without it.

「とても～なので、that 以下である」という so ～ that … 構文は such を使って言い換えることができます。

ex: He is so kind that everyone likes him.
彼はとても親切なので皆彼が好きだ。

He is such a kind person that everyone likes him.
彼はとても親切な人なので皆彼が好きだ。

Words & Phrases

- arrival /əráivəl/［名］到来
- electricity /ilèktrísəti/［名］電気
- vast /vá:st/［形］非常な、多大の
- salt /sɔ́:lt/［動］塩を振りかける、塩漬けにする
- prevent /privént/［動］防ぐ
- spoil /spɔ́il/［動］傷む、腐敗する
- huge /hjú:dʒ/［形］莫大な
- heating /hí:tiŋ/［名］暖房

「音読」エピソード

『ぐんぐん英語力がアップする音読パッケージトレーニング　中級レベル』と
同内容になっています。

①　40代女性たちのゼロからの再挑戦

　音読は外国語学習の伝統的な方法で、私自身も学習の過程で音
読から多大の恩恵を得ました。英語を指導するようになってから
は、生徒さんの負担軽減と、効果の増大を図り、音読とリピー
ティング、シャドーイングを組み合わせた音読パッケージを考案
し、効果を上げてきました。私は、十数年前、当時住んでいた房
総の自宅で英語塾を開きましたが、その塾でも、音読パッケージ
は重要なトレーニングのひとつでした。

　初期の思い出深い生徒さんのなかに、40代の女性の方々がい
ました。子育ても一段落し、興味のあった英語に再挑戦したい。
時間切れにならないうちに英語を話せるようになるという夢を果
たしたい。彼女たちの英語学習に対する熱意はなかなかのもので
した。

　しかし、実際に始めてみると、英語の学習は実に地味で単調な
ものです。英語を自由に操るという華やかな夢と、現実の学習の
ギャップに幻滅して、あるいは主婦業や仕事の他に英語学習の時
間を作ることの困難さにぶつかって、ひとり、2人とやめていき
ました。数か月すると、最初に10人以上いた40代女性は、数人
に減っていました。

英語学習の成功の鍵は継続することに尽きます。学習を始める人のほとんどは、数日から数か月で学習を放棄してしまうものです。残った数人には、継続的に学習するという喜ばしい習慣が身についていましたが、学習の効果は急激には表れません。また、彼女たちは2つの壁にぶつかっていました。まず、年齢による吸収速度の鈍化です。私自身も30代後半でフランス語を学習し始めたとき、20代のときと比べ、吸収速度がずいぶんと落ちているのを痛感したものです。もうひとつの壁はあまりにも長いブランクによる基礎力の欠如です。

　彼女たちのなかで大学受験をされた方はいませんでした。高校卒業以来、英語にほとんど触れていない状態での再スタートです。be動詞と一般動詞の区別もつかず、This is a book. を疑問文にしてくださいと言うと、Does this a book? などとしてしまうレベルです。受験を済ませたばかりの大学生が英語を学習するのとは条件が全く違います。

　大学受験の経験があり、ある程度の読解力があれば、中学テキスト等を使ってすぐに音読パッケージを始められるのですが、文法・単語などをすっかり忘れてしまっている彼女たちには、いきなりその方法も使えません。基礎の基礎から1項目ずつ文法・文型を教え、自宅では復習してもらうことの繰り返しです。数か月学習して、中学1年レベルの文法・文型を終えた段階で、ようやく中学1年の英語テキストを使っての音読パッケージを導入することができました。

しかし、このころから彼女たちの吸収ペースも上がってきたのです。中学1年のテキストで音読パッケージを行うことによって、じわじわと英語を受け入れる体質が養われ、リスニング力が伸び始めました。また、中学1年の文法・文型の基礎をしっかり身につけることで、内容の難度が上がったにもかかわらず、中学2年レベルの吸収ペースは、むしろ上がっていました。それには、中学1年のテキストの音読パッケージによって養われ始めた、英語を受け入れる体質もひと役買っていました。

　1年ほどして、中学英語の文法・文型が身につき、中学3年分のテキストの音読パッケージを終えたころ、彼女たちのひとりが英検準2級の受験を宣言しました。中学時代に英検3級を取っていたので、数十年のブランクを経てそのひとつ上をというわけです。準2級には高校レベルの内容が含まれますが、彼女が1年学習してきたのは、中学英語だけです。私が高校レベルの内容を少し学習してから挑戦したらどうかと提案すると、すでに申し込みを済ませてしまったということでした。

　受験してみて合格レベルとの差を測っておくのもいいだろうと思っていた私の予想に反し、彼女は1回で見事に1次試験に合格してしまったのです。1次試験の採点表を見ると、中学英語の知識しかない彼女の筆記試験の得点は不十分だったものの、リスニング試験のスコアがほぼ満点で、合計するとわずかに合格基準点を上回っていたのです。1次合格者のリスニングの平均得点は6割5分程度でしたから、彼女の聴解力は際立っていました。音読パッケージなど音声的なトレーニングを地道に1年継続した賜物

です。わずか1年ほどの学習で、知識は中学英語に限られるけれど、その知識が非常に効率よく稼働しているという彼女の英語力に、私は指導者として満足でした。勢いを得て、臨んだ2次試験ですが、しっかりと英語を聴き、声を出すトレーニングを積んできた彼女は、2次の面接試験はほぼ満点の採点で合格でした。

　この結果を受け、同等の力をつけていた他の40代女性の受講生に、次の回の準2級の受験を勧めたところ、全員が合格して、やはりリスニングで突出した高得点を記録しました。しかし、実のところは他の受験者の聴解力に問題があるのでしょう。筆記試験の部分では、高校レベルの知識が問われるものの、準2級のリスニング試験は、中学英語程度の英文で構成されています。高校レベルの知識がありながら、リスニングテストでパーフェクトな得点ができないということは、知識の稼働率が低いということに他なりません。

　この40代女性受講生の皆さんは、さらに学習を続け、入塾から1年半から2年ほどで全員が英検2級に合格し、そこでもやはりリスニング試験の得点がほぼパーフェクトであるという傾向は変わりませんでした。この敬服すべき女性受講生のおひとりは、海外旅行が好きで、いつか英語を覚えて、個人旅行を楽しむことが夢でした。彼女は私の教室に来る前、ネイティブスピーカーによる英会話教室に行き、全く先生の言うことが聴き取れず、すぐにやめてしまうという苦い体験をしていました。私との授業でも、入塾当初は、英語で話しかけても、ほとんどわからない状態でした。しかし、音読パッケージ等のトレーニングで彼女のリスニン

グ力は著しく向上し、1年ほど経った後は、私の話す英語は、たまさか難しい単語が混じってしまった場合以外は、完璧に聴き取れるようになっていました。話すほうも、基本文型と基礎的な単語を使って、自分の言いたいことをしっかりと言えるようになっていました。ある日、授業の休憩時間にコーヒーを飲みつつ、「1年前はひと言も聴き取れず、1センテンスも話せなかったなんて、信じられないですねえ」と2人で感慨にふけったものです。その後、彼女に英語学習の目的に合わせ、会話練習に集中することを勧め、ネイティブの先生を紹介しました。会話力をさらに磨いた彼女は、現在では英語力を駆使して念願の海外個人旅行を楽しんでいます。

② 眠っている知識を揺り起こそう

　長いブランクで英語の知識が雲散霧消していたこれらの、40代女性塾生たちにとって、中学テキストといえども、がっぷり四つに組んで取り組む素材でした。しかし、20代や30代と若く学校英語の知識のかなりの部分が記憶に残っている方、さらに、大学受験経験のある方にとって、中学や高校初等レベルのテキストは、理解するのに努力を要さないごくごく軽い素材でしょう。そして、これこそが、かなりの知識があるものの英語を聴いたり、話したりするという実用面が苦手な人が取り組むべき素材なのです。しかし、実用英語習得の学習をここから始めるという人は残念ながら、あまり多くありません。なまじ知識があり、内容を頭で理解することが難しくないため、これくらいのことは身についていると錯覚してしまうのです。大学受験などでかなり勉強した

方は、私の塾の40代女性方と比べ、読解できる素材のレベルや文法知識ははるかに上回っています。しかし、英語を聴く、話すということになると逆転現象が起こります。40代女性塾生たちが、限られた知識を有効活用し、英語でのコミュニケーションが取れるのに対し、学校・受験秀才たちは、英語を聴いたり、話したりということになると途端に困難になるのです。

　英語を生きた言語として聴いたり話したりできるようになりたいなら、頭ではたやすく理解できるレベルの英文を耳、口を使って大量に出し入れすることが決定的に大切です。大学受験などでかなりの高い基礎力をつけた方々が、実用英語の習得を目指すのをお手伝いするとき、私は初期トレーニングとして、中学から高校初等レベルのテキストの音読パッケージをやってもらいます。この課題に当惑したり、拍子抜けの表情を浮かべる人も少なくありません。彼らがそれまで使っていた教材は、はるかに高度なものだからです。しかし、簡単なチェックをすると彼らの英語力があくまでも知識で止まっており、スキルには変質していないことがすぐにわかります。例えば、英検2級のリスニング問題をやってもらうと、大半は半分程度の得点しかできません。彼らよりはるかに少ない知識しかない40代女性塾生たちがほぼ満点を取ってしまうのとは対照的です。リスニング問題のトランスクリプト（文字化したもの）を読んでもらうと、彼らはその英文が実に簡単であることに驚き、それが聴き取れないことに愕然とします。こうしたショック療法を経て、ようやく自分の英語体質の欠如を悟り、基本的素材を使った音読パッケージや他のトレーニングに取り組んでくれるのです。

とはいえ、読解力、文法力、語彙力といった基礎のしっかりした人たちですから、一旦トレーニングを始めると、その効果は急速に表れます。一定の基礎力さえあれば、中学レベルの素材で2、3か月トレーニングするだけで、TOEICスコアが400点台だった人が一気に600点台に乗ることはざらです。極端な例だと、一気に800点近くまで伸びてしまう例もあります。難解な読解問題や文法問題を解いたり、英単語集を覚えたりしても起こらなかった変化が、なんの負荷も感じない平易な素材によってもたらされたことに、彼らはキツネにつままれたような顔をします。

　しかし、魔法でも何でもありません。手品の種明かしは単純です。彼らの豊富な、しかし眠っていた知識が、音声という言語の本質的要素を使ったトレーニングで揺り起こされたのです。勉強はしてきて知識があるが実用面は著しく劣る、というタイプの人がすべからくやるべきことは、簡単な英文を侮らず、その容易さを有効に使い、負荷なく大量に音声トレーニングを積むことです。

③ 上級者の意外な弱点も修正

　学校・受験英語の経験のみの方は、大概、知識に比してその知識の稼働率が非常に低いという問題を抱えています。かなり知的レベルの高い英文がゆっくりとではあるが読みこなせるのに、それよりずっと簡単な内容でも聴いて理解するのは困難で、会話となるとほぼお手上げという状態です。TOEIC スコアは 400 点台から 600 点ぐらいにとどまります。

　しかし、中・上級者のなかにも、頭で理解できる英語と感覚的に処理できる英語の間の大きなギャップを放置してしまっている人も少なくありません。私がカウンセリングでお手伝いさせていただいたある 30 代男性も、そのひとりでした。大手家電メーカーに勤務する彼は、仕事でもコンスタントに英語を使い、TOEICスコアはコンスタントに 800 点台後半です。エンジニア系の同僚に囲まれた部署で彼は一応英語の使い手と見られているものの、本人は英語を聴いたり話したりすることに、大変なストレスを感じていました。

　TOEIC スコアの内訳を見ると、問題点は察しがつきました。トータルスコアが 860 点だった回の内訳を例に取ると、リーディングセクションが 460 点なのに対し、リスニングセクションは400 点にとどまっていました。トータルのスコアはハイレベルだし、リスニングも 400 点に達していて、何の問題があるのだろうと思う方もいるでしょう。しかし、TOEIC というテストは、バランスの取れた英語力だと、リスニングとリーディングセクションのスコアはほぼ同じか、リスニングが上回るものです。リスニ

ングセクションがリーディングセクションより50点以上も低いということは、本当に聴き取れているかは疑わしく、キーとなるフレーズや単語をつなぎ合わせて推測に頼った理解をしている傾向が強いものです。

　英検2級のリスニングを解いてもらうと、問題があぶり出されました。70パーセント程度しか得点できなかったのです。簡単な問題を、ほぼ完全に処理できるかどうかを見ると、本当の力を判断するのに非常に有効です。英検2級のリスニングというのは、構文レベルは高校初等レベルで、難しい語句も含まれていませんから、そのレベルの知識があり、そしてそれが稼働していれば、40代女性塾生たちの例のように、ほぼ満点となります。TOEIC高得点者であるものの、知識の稼働率や本当の聴き取りのレベルでは、彼はTOEICではせいぜい500点台の40代女性たちに後れを取っていたと言えます。TOEICという土俵なら、リスニングセクションに限っても、せいぜい300点台半ばの40代女性塾生たちを、彼は上回っています。しかし、その差は、彼が、彼女たちの知らないビジネス関連の語句やイディオムなどの豊富な知識、そして高度な構文・文法知識や読解力を持ち、それらによって妥当な推測ができるということにあります。

　私はその事実を彼に告げ、易しい英文を使った音声トレーニングを行うことをアドバイスしました。彼はそのアドバイスを素直に受け入れ、中学テキストでの音読パッケージを開始しました。一旦始めてしまえば、もともと力があるのでトレーニングは急速に進み、数か月で英検2級のリスニング問題の英文までを終えてしまいました。すると狙い通り、知識の稼働率の問題は解決し、

彼のリスニングセクションのスコアはむしろリーディングのを若干上回るようになり、トータルスコアは900点台で安定するようになりました。実際のリスニングが大分楽になったのは言うまでもありません。

　このように、中学から高校初級程度の平易な英文を使っての音声トレーニングは、いわゆる上級者を含めて全ての層にとって、有効な方法です。

著者紹介

森沢 洋介（もりさわ・ようすけ）

1958年神戸生まれ。9歳から30歳まで横浜に暮らす。青山学院大学フランス文学科中退。大学入学後、独自のメソッドで、日本を出ることなく英語を覚える。予備校講師などを経て、1989～1992年アイルランドのダブリンで旅行業に従事。TOEIC スコアは985点。学習法指導を主眼とする、六ツ野英語教室を主宰。
ホームページアドレス https://mutuno.sakura.ne.jp/
［主な著書］『英語上達完全マップ』
『CD BOOK どんどん話すための瞬間英作文トレーニング』
『CD BOOK スラスラ話すための瞬間英作文シャッフルトレーニング』
『CD BOOK ポンポン話すための瞬間英作文 パターン・プラクティス』
『CD BOOK おかわり！どんどん話すための瞬間英作文トレーニング』
『CD BOOK おかわり！スラスラ話すための瞬間英作文シャッフルトレーニング』
『CD BOOK バンバン話すための瞬間英作文「基本動詞」トレーニング』
『CD BOOK みるみる英語力がアップする音読パッケージトレーニング』　（以上ベレ出版）

●──英文作成	株式会社オレンジバード	
●──音声	ナレーション　Howard Colefield ／ Rachel Walzer	
	［CD］DISC 1・79分47秒 ／ DISC 2・79分03秒	
	［DL］ナチュラル・53分15秒 ／	
	リピーティングポーズ入り・105分20秒	
●──カバーデザイン	OAK 小野 光一	
●──本文組み	三松堂印刷株式会社	
●──イラスト・図表	森沢 弥生	
●──校正	藻谷綾乃 ／ 仲慶次　（ネイティブチェック）Howard Colefield	

CD BOOK NEW ぐんぐん英語力がアップする音読パッケージトレーニング 中級レベル

2021年11月25日　　初版発行

著者	森沢 洋介
発行者	内田 真介
発行・発売	ベレ出版
	〒162-0832　東京都新宿区岩戸町12 レベッカビル
	TEL.03-5225-4790 FAX.03-5225-4795
	ホームページ　https://www.beret.co.jp/
印刷	三松堂株式会社
製本	根本製本株式会社

ISBN 978-4-86064-670-7 C2082　　　　　　　　　　編集担当　綿引ゆか

みるみる英語力がアップする
音読パッケージトレーニング

森沢洋介 著

四六並製／本体価格 1700 円（税別）■ 176 頁
ISBN978-4-86064-246-4 C2082

外国語の力をつけるためには、構造と意味が理解できる文を自分の音声器官である耳と口を使ってトレーニングすることが必要です。本書では、この 1 冊のテキストで、音読、リスニング、リピーティング、シャドーイングをすべてパッケージしてトレーニングを行います。これを「音読パッケージ」と称しています。中学レベルの英文で、語彙も制限し、初級から初中級の学習者に最適のテキストとなっています。英文をトレーニングに合わせたパターンで収録した CD 付きです。

どんどん話すための
瞬間英作文トレーニング

森沢洋介 著

四六並製／本体価格 1800 円（税別）■ 208 頁
ISBN978-4-86064-134-4 C2082

「瞬間英作文」とは、中学で習うレベルの文型で簡単な英文をスピーディーに、大量に声に出して作るというものです。文型ごとに中 1・中 2・中 3 のレベルに分けて、付属の CD と一緒にトレーニングしていきます。簡単な英文さえ反射的には口から出てこない、相手の話す英語はだいたいわかるのに自分が話すほうはからきしダメ、という行き詰まりを打破するのに効果的なトレーニング法です。

スラスラ話すための瞬間
英作文シャッフルトレーニング

森沢洋介 著

四六並製／本体価格 1800 円（税別）■ 248 頁
ISBN978-4-86064-157-3 C2082

前作『どんどん話すための瞬間英作文トレーニング』では、文型ごとに中学 1・2・3 のレベルに分けた例文を瞬間的に英作文して基礎力をつけました。本書では応用力をつけ反射神経を磨いていきます。前半では文型がシャッフルされた例文を、後半では文型が様々に組み合わさったちょっと長めの例文でトレーニングします。スラスラ話せるようになる英作文回路がしっかり作れるトレーニング法です。

CD BOOK
2枚付き

バンバン話すための瞬間英作文
「基本動詞」トレーニング

森沢洋介 著

四六並製／本体価格 1800 円（税別）■ 288 頁
ISBN978-4-86064-565-6 C2082

瞬間英作文の最終段階、第 3 ステージのトレーニング本です。森沢式では、中学レベルの構文ごとにトレーニングを行なうのが第 1 ステージ、それらの構文をシャッフルした第 2 ステージ、そして中学文型の枠をはずしてあらゆる文型と表現の習得をしていくのが第 3 ステージとなっています。get、have、come などの基本動詞を会話で自在に使えるようになると、表現の幅が広がり自然でなめらかな英語が話せるようになります。

CD BOOK
2枚付き

ポンポン話すための瞬間英作文
パターン・プラクティス

森沢洋介 著

四六並製／本体価格 1800 円（税別）■ 184 頁
ISBN978-4-86064-193-1 C2082

本書は、『どんどん話すための瞬間英作文トレーニング』『スラスラ話すための瞬間英作文シャッフルトレーニング』既刊のこの 2 冊のように 1 文 1 文を英作文していく方法では日本語にひっぱられてしまって成果をあげづらいという方のために考えた、肯定文を疑問文にしたり、主語や動詞など部分的に単語を入れ換えてそれに瞬間的に反応して英作文していくという新しいトレーニング本です。

英語上達完全マップ

森沢洋介 著

四六並製／本体価格 1400 円（税別）■ 296 頁
ISBN978-4-86064-102-3 C2082

日本人が一定の年齢に達してから英語を身につけようとする場合の効果的な勉強法には、いくつかの本質的な共通点があります。それらをふまえ、英語力をバランス良く伸ばすためのトレーニングメニューと進行の仕方を、実例をあげながら具体的に説明し、途中で挫折しないための心理的・技術的対処法や、上達を客観的にはかる方法を詳しく紹介します。

六ツ野英語教室

本書の著者が主宰する学習法指導を主体にする教室です。

👤 **電話**
047-351-1750

👤 **ホームページアドレス**
https://mutuno.sakura.ne.jp

👤 **所在地**
千葉県浦安市北栄 1-16-5 東カン グランドマンション 310
浦安駅から徒歩 1 分

👤 **コース案内**

レギュラークラス…週一回の授業をベースに長期的な
　学習プランで着実に実力をつけます。

トレーニング法セミナー…「音読パッケージ」、「瞬
　間英作文トレーニング」などトレーニング法のセミナー
　を定期開催します。